JN206740

大人だからこそ
忘れないでほしい
45のこと

齋藤孝

WANI BOOKS

大人だからこそ、日々を新しい気持ちで過ごしてほしい。

はじめに

ニーチェの言葉に、「憧れに向かって飛ぶ、情熱の矢となれ」というものがあります。

みなさん、この〝飛んでいる矢〟をイメージしてみてください。想像するその姿は、どこか俊敏で、エネルギーに満ちているように思えませんか？

人間は、いくつになっても、このエネルギーに満ちた〝飛んでいる矢〟であることが大切なのです。そこで、本書を手にしたみなさんには、「自分は今、飛んでいる矢であるか？」。そう、自らに問いかけるクセをつけてみてほしいと思います。

その際、的に当たるか当たらないかは関係ないのです。ここでは〝結果〟ではなく〝プロセス〟こそが大事だからです。

入社一年目などのフレッシュな時期こそ、人は〝飛んでいる矢〟であることが多いものです。ところが、入社して年数が経ち、場数を経ていくと、次第に「若々しさ」を失っていく傾向にあります。

この場合の「若々しさ」は、見た目とは関係ありません。重要なのは、「魂の若々しさ」であり、「エネルギーの若々しさ」です。

なぜ、私がこのような考えに至ったかと申しますと、私の専門は教育学ですから、基本的に、いずれ教師になる学生を教えています。そのような立場で多くの教師を見ておりますと、たとえば英語は得意だけれど、英語に対する情熱を失ってしまったベテラン教師。対して、まだあまり英語は得意とはいえないけれども、「英語の面白さを知ってもらいたい！」という情熱に溢れた若手教師。それぞれの教師が受け持つクラスでは、明らかに後者のクラスの生徒の方が、英語の実力が伸びる傾向にあることを、身をもって知っているからです。

　大人になると、どうしても〝淀む〟人が出てきます。まとう空気が重く、その場にいるだけで、何となく周囲を不愉快にさせるようなタイプの人です。

　そんな人にならないためにも、大人であればこそ、自ら〝脱皮〟していくスタンスを持つこと。歳を重ねるほどに、古い殻を脱ぎ捨て、新しいことにチャレンジし続けること。それこそが、現代における大人のたしなみといえるかもしれません。

どうかすると、若さ偏重に陥りやすい風潮のある世の中ですが、実は、経験がある人の方が魅力的であることを忘れないでいてください。様々な経験を積みながらも謙虚さを失わず、常にフレッシュな心構えでいる……。それこそが、私たちの目指すべき大人像ではないでしょうか？

エネルギーに満ちたフレッシュさは、自然と表情などにも表れるものです。何歳であろうと、「今日は新しい日である」という感覚を忘れずに、明るさと爽やかさを持って、日々、目の前のことに臨む姿には美しさがあります。

本書を通じて「自分は今、飛んでいる矢であるか？」と自分に問いかけ、常に、エネルギーに溢れたチャレンジャーでいてほしいと思います。

CONTENTS

1章 「自分」を見つめる

2章
「他人」を認める

3章
「これまで」を振り返る

4章

「これから」を想像する

1章

「自分」を見つめる

知識や経験を積み重ね“自己肯定力”を獲得し、「自分」という存在を肯定することは、非常に大切です。しかし、過度に自信を“持ちすぎる”のも考えもの。決めつけず、過信せず、独断を避けてこそ、大人といえるのです。しっかりと「自分」を見つめて、客観性のある視点を養いましょう。

DATE
自分の弱点を忘れない

弱点こそが、あなたの武器になる！

みなさんは、自分の弱点をいくつ挙げることができますか？　もしかすると、それは多ければ多いほどいいかもしれません。なぜなら、自分の弱点を知ることで、人は強くなることができるからです。自分の弱みを知っていればこそ、そこを上手に避けることもできるでしょうし、仮にコンプレックスがあったとしても、それを人生のバネとして、むしろ、自己肯定力という強さに変えてしまうこともできる。したがって、弱点というものは、みなさんが思っているほど、悪いものではないのです。

私はよく、学生に「コンプレックスは資源である」という話をします。石油とは、長年の間に積み重なった動物の死骸などが、資源として変化したものです。これと同じように、コンプレックスも、長い人生において積み重なった弱み、そして劣等感のかたまりです。人はよく、このコンプレックスを自分の足を引っ張る〝邪魔なもの〟として捉えがちですが、私はそうは思いません。それどころか、**使いようによっては人生における最大の資源になる**、とさえ考えているほどです。

たとえば、背が低いことをコンプレックスに思っている人がいるとしましょう。実は、私自身も背が低い方で、小学生の頃には「前へならえ！」の号令のときに背の順で並ぶと、最前列にいることも珍しくありませんでした。そのため、「前へならえ！」と言われているのに、前へならうことができないという、歯がゆい思いをしたものです。中学生になったばかりの頃も、椅子に座っても足が床に届かなかったことを、悔しさのせいか、今でも鮮明に覚えています。

ところが、「自分は背が低くて嫌だな、スポーツでも不利なことが多いし……」などと感じる一方で、背が低いというコンプレックスがあったからこそ、小ささを生かして小技を磨いたり、動きの俊敏さを伸ばしたりと、工夫してきたことがありました。

ちなみに、社長、特に自ら起業するタイプの方には背の低い人が多い、という統計があるそうです。たしかに、私の友人などでも、思い当たる人がいます。もちろん、彼らの努力のほんの一部に過ぎないかもしれませんが、背が低いという自分のコンプレックス（＝資源）を燃やし、エネルギーに変えた結果なのかもしれません。

「自分はどうせ○○だから……」にご注意を

つまり、弱さやコンプレックスというものは、一度それらを受け入れてしまえば、「この弱点があるからこそ、自分は頑張るんだ！」という資源に転換できるというわけです。逆に、もし弱点を隠そうとするならば、自らがその弱点に飲み込まれてしまう可能性もあります。したがって、「コンプレックスは資源である！」と書かれたTシャツを着て街を歩くくらいの神経、スタンスが大切です。弱点は隠すのではなく、なるべく表に出すということがポイントなのです。

昨今、有名になった心理学者のひとりに、アルフレッド・アドラーという人がいます。彼は、人間の抱く〝劣等感〟を、悪いものとしませんでした。何を隠そう、アドラーは、劣等感という言葉自体を世に広めた人物です。

「自分は他人より劣っているのではないか？」という劣等感は、誰しもが持つものです。それ自体は、決して悪いことではありません。ところが、その不安が様々な感情と絡み合って心的複合体、つまりコンプレックスとなって精神に悪影響を及ぼすようになれば、そこで初めて問題が起きる。アドラーは、そう説いたのです。

「どうせ俺は背が低いから」「どうせ私は綺麗じゃないから……」などという卑屈な考え方は、コンプレックスが精神に悪影響を与えている証拠です。劣等感が、他の感情の〝足を引っ張っている〟状態といえるでしょう。

すべては、あなたの〝心の在り方〟一つ

自分の人生を、「自分は育った家が悪かったから」「貧乏で、恵まれなかったから」などと言い訳のように捉える人がいる一方で、たとえば、元野球選手の桑田真澄さんのように、「お前の家は小さいな、貧乏だな」と言われて、初めて自分の境遇を認識し、「僕がプロ野球選手になって、お母ちゃんに家を買うたる《こ》！」と決意。そのためにボールを投げ続けたという立派な人もいます。

彼は、いつも継ぎ接ぎだらけのユニフォームを着ていたそうですが、それを囃《はや》されるたびに「お母ちゃんがこうして縫ってくれたんや。俺はこれでいいんや」と返したそうです。つまり、その人の〝心の在り方〟一つで、貧乏であるということが、ただの卑屈なコンプレックスにも、人生を輝かせるための資源にもなりうるのです。

「うちは貧乏だから、こんな継ぎ接ぎだらけのユニフォームで恥ずかしい。馬鹿にされるから練習になんて行けない」と思う人もいることでしょう。しかし、桑田真澄さんのように「俺はこれでいいんや。野球ができたらそれでええ」と考える人もいる。そもそも彼は、自分が貧乏であるということをコンプレックスとして捉えていませんし、実際に、他人に指摘されるまでは貧乏だということすら知らなかったわけです。

そんな桑田さんご自身もかっこいいですが、貧しさを感じさせないように工夫をして育てられたお母様も素晴らしいですね。つまり、**人間というものは、このようにあらゆる局面で、自分の弱みや環境を自らの資源、エネルギーに変えていけるかどうか試されているわけです。**人生の意味というものは、あくまで自分自身で決めていくもの、その人の〝心の在り方〟一つです。

ちなみに、その人が自分の弱みや環境に対して、どのようにアクションを起こしていくかを、周囲の人は意外と見ているものです。したがって、自分の印象を変える〝チャンス〟と、捉えることもできるでしょう。

ぜひ、自分の弱点を貴重な資源として捉え、人生のエネルギーに変えることを忘れないでください。

DATE
自分の
長所・強みを
忘れない

自分の〝ストロングポイント〟を意識せよ

人の性質を表すときに、よく「長所、短所」という言葉が使われます。しかし、あまりにありふれた表現であるために、意味合いとしても、少々インパクトに欠けることは否めません。

経営学者のピーター・ドラッカーは、「自分の〝ストロングポイント〟を生かせ」と著書で述べています。長所と言うと〝まあまあよい〟というくらいの印象ですが、〝ストロングポイント〟と言えば、何となくインパクトがあるように感じませんか？　長所というよりは、「強所、強点」などと訳した方がいいかもしれません。

日本には弱点という言葉はあるものの、その対語である強点という言葉がないのです。よく、「自分の弱点とよく向き合って」などと言いますが、「これが、自分の強点です！」という言い回しは聞いたことがありません。控えめな日本人ならではの感覚かもしれません。しかし、これからはぜひ、自分の強点、つまり〝ストロングポイント〟を意識してみてください。

これは、非常に重要な考え方なのですが、人の意識というものは、植物にとっての光のようなものです。つまり、**植物は光の当たったところが伸びていきますが、同様に、そこに意識を当てるだけで、人は伸びていくものなのです。**

つまり、自分の〝ストロングポイント〟を意識するだけで、そこに光を当てることになるわけです。

たとえば、小学生の頃「あなたは朗読が上手ですね」と褒められたとしましょう。すると、これまで意識していなかった「自分は朗読が上手い」という部分に意識が向く。そのうちに、自然と進んで朗読を練習し始め、さらに朗読が上手くなっていく、というようなことがあります。つまり、この人は、朗読が自分の〝ストロングポイント〟であることに気づいたわけです。以前、お仕事でご一緒させていただいたフリーアナウンサーの夏目三久さんは、まさに小学生の頃に朗読を褒められたことによって、今のご職業に就かれたとおっしゃっていました。

「〇〇記念日」というメソッドを活用する

この〝ストロングポイント〟は、自分でわかる場合もありますが、夏目三久さんのように、他人に言われて初めて気づくケースも多くあります。ですから、「自分の

〝ストロングポイント〟なんて思いつかない」という人でも、スマホのメモ欄などに、過去に褒められたことを、あらためて書き出してみてください。「服のセンスがいいと言われた」「歌が上手いと褒められたことがある」「適当につくった料理を絶賛された」など、思い返せば何かしら出てくるはずです。

俵万智さんの有名な短歌に「サラダ記念日」があります。「『この味がいいね』と君が言ったから七月六日はサラダ記念日」というものです。私は以前、この短歌を応用した「自分の〇〇記念日をつくってみよう！」という課題を大学で学生に出したことがあるのですが、この「〇〇記念日」を、ぜひみなさんにもおすすめしたいのです。

普通ならば、サラダの味をちょっと褒められたことなど、すぐに忘れてしまいますね。しかし、それをきちんと記憶にとどめておくことに意味があります。この短歌は、単に恋人との甘い思い出を残すものではなく、自分自身の自信へと繋がる大切なメソッドを含んだ作品なのです。ぜひ、たくさんの「〇〇記念日」をつくって、かつ、記憶しておくようにしてください。「最近、ちっとも褒められていない……」「大人になって、褒めてもらうことがなくなった」という人でも、過去10年くらいまで記憶を遡れば、何かしらの「〇〇記念日」があるはずです。

褒められたこと、いいことだけを記憶にとどめる

私は中学生の頃、硬式テニスをやっていたのですが、あるときコーチに「君はテニスのセンスがあるね」と言われました。かなり昔のことですが、私は今でもこのひと言が忘れられません。実際に、私は「自分にはテニスのセンスがある！」と信じて疑わず、〝ストロングポイント〟として意識したおかげで、それ以降もテニスを長く続けることになりました。

不思議なものですが、人は3人くらいの人に「服のセンスがいいね」と言われ続けると、実際に自分の着る服に気を遣うようになるものです。これが、「何だかシュッとしているね」であれば、実際に、佇まいがシュッとしてきます。実は、これを逆手に取った実験もあり、ある人に同じ日に「今日は顔色が悪いね」と3人に言わせたところ、実際に被験者が落ち込み、顔色が悪くなっていったというのです。

つまり、**人は自分というものを自分自身でよくわかっておらず、他人に言われることで初めて気づくことが往々にしてあるのです。**これは、〝ストロングポイント〟についても、同じことがいえるでしょう。

よく海外の映画などで「いいニュースと悪いニュース、どちらから聞きたい?」というお決まりのセリフがあります。もし、私が聞かれたならば、「いいニュースだけ聞きたい」と返すことでしょう(笑)。なぜなら、ネガティブな言葉を頭の中で反復すると、ほとんどのケースで悪い影響の方が大きくなってしまうからです。

ですから、みなさんも過去に褒められたこと、いいことだけをメモなどに残すようにして記憶し、ネガティブなことについては、なるべくフォーカスするのをやめてみてください。

〝自画自賛力〟をつけて、余裕のある大人になる

褒められる点がたくさんあるにもかかわらず、「自分なんて……」などという人は、〝自画自賛力〟(造語です)が足りません。仮に他人に褒められなくても、自分で自身を褒めることによって〝自画自賛力〟はついていきます。自画自賛などというと、日本では「調子に乗っていると思われないか?」と懸念する方も多いでしょうが、わざわざ他人に向けて言わなければいいのであって、自分の心の中で思うだけなら、何の

問題もありません。逆に、能力があるにもかかわらず自己肯定力の低い人というものは、周囲がその人を励ましたり褒めたりしなければいけないので、実は面倒な存在なのです。このことを、ぜひ、覚えておいてほしいと思います。

たとえば、「自分は歌には自信があります！」という人と一緒にカラオケに行ったところ、実際はそれほど歌が上手くなかったとしましょう（笑）。しかし、その場合も周囲がパッと明るい雰囲気になりますし、「結構イケてると思うんですけどね！」などと自分で言って笑う人を憎むことはできませんね。

このように、ちょっとした自信をさらっと言うことでユーモアに変えることができる人こそ、余裕のある、素敵な大人だと思いませんか？

DATE
こだわることを忘れない

こだわりとは、美意識である

自分の中で「これだけは譲れない、熟考したい」と思うことを、こだわりといいます。そのこだわりは、ときに周囲が「え？　そんなところ？」と驚くような場面で見られることもあります。つまり、本来であればこだわる必要のないところにまでこだわるのですから、いわゆる職人気質な部分といえるかもしれません。

また、こだわりがあるということは、美意識があるということと、同義です。たとえば、商品としてはすでに及第点であっても「自分がやるからには、さらにきっちりつくり込まないと、気がすまない！」というのであれば、言うまでもなくこだわりの範疇《はんちゅう》であり、その人の美意識ということになるでしょう。

日本の有名な映画監督のひとりに、溝口健二さんがいます。溝口監督はかつて、当時はまだ若手の俳優のひとりに過ぎなかった若尾文子《あやこ》さんの演技にこだわり、他の大スター俳優を差し置いて、「自分で答えを見つけろ」と言わんばかりに、何日もやり直しをさせたといいます。若尾さんは当時を振り返って「大スターを待たせているプレッシャーで、頭がおかしくなりそうでした」と語っていらっしゃいますが、それも溝口監督の美意識、こだわりゆえだったのでしょう。

ちなみに、こうした美意識の強い監督と組んだ俳優さんは、潜在的な力をグッと引き出されることがあります。実際に若尾文子さんも、溝口監督作品を通じて女優として開眼され、押しも押されもせぬ大スターになられました。

こだわるポイントとスタンスを、はっきりさせよ

一方で、何でもかんでもこだわっていては、身動きが取れなくなってしまうのも事実です。したがって、「ここにはこだわるけれど、他のことは気にしない」というスタンスが鍵になります。

たとえば、あなたがどんな昼食を取るか、迷っているとしましょう。そんなときは、一つだけこだわりを決め、あとはどうでもいいということにする。要するに、「800円以下のランチなら、何でもいいや」「肉が食べたいけど、どんな料理でもいいかな」「餃子が食べられるなら、多少遠くまで歩いてもいいや」といった具合です。

つまり、こだわりのポイントを絞ることで、「あとは気にしない」という考え方が

生まれます。したがって、**こだわることをはっきりさせることのメリットの一つとして、そのこだわり以外は多少どうでもいい、といった手の抜きどころもはっきりする、ということがあるのです。**

仮に、すべてにこだわっている人がいるとすれば、それはもはやこだわりではなく、神経質といった類いのものに映るかもしれません。「こうあらねばならない！」が多方面にわたって存在すると、何だか生きづらくなってしまいますね。

また、自分のこだわりをはっきりと持つことの、ほかのメリットとして、周囲の人間が接しやすくなる、ということがあります。つまり、「この人は、これだけ押さえておけばいい」ということがわかりますから、そのポイントを押さえた上で、気軽に接することができるのです。

もし、「自分はこだわりが多すぎるかも」と感じる人は、ぜひ、じっくりと自分自身と向き合ってみてください。なぜなら、「自分が本当にこだわっていることは何だろう？」とあらためて考えてみると、たいていのことは「どっちでもいいや」と思えてくることが多いからです。私は、この「どっちでもいいや」という気持ちこそが、大人の寛容力であると考えています。

寛容であるということは、大人にとって非常に重要なポイントです。不寛容、つまり受け入れられないものが多いということは、その人が人間として成熟していないという証拠でもあるのです。

したがって、**こだわるポイントに関しては自分を思いっきり表現する、それ以外は受け入れるという、はっきりしたスタンスを持つことが大切です。**ちょっと想像してみてください。どんな場面でも自分のこだわりゆえに「それはこうしたい！」「ちょっと譲れない」などと言い張っていては、ただのワガママと変わりありませんね。

美意識を〝共有〟するという楽しみ

先日、仕事の関係で、美輪明宏さんのお宅へお邪魔する機会に恵まれました。美輪さんはいつも素敵な洋服をお召しですが、その日もプリーツの美しいイッセイ ミヤケのドレスを身にまとっていらっしゃいました。美輪さんの動きに合わせ、プリーツが美しく流れます。私はまるで絵画を見ているような気分になって、思わず「綺麗ですね！」と言いますと、美輪さんは「これね、旅行のときは軽くて小さくたためるし、シワにもならないの。あとね、どんな体型の人にも似合うのよ」とおっしゃるのです。
もちろん、私に会話を合わせてくださったのでしょうが、常にイッセイ ミヤケのドレスで統一されている美輪さんの洋服のセンスには、独自の世界観と美しさがあります。

もちろん、美しいプリーツの世界を生み出したのはイッセイ ミヤケさんですが、この場合、美輪さんとイッセイ ミヤケさんは、その美意識やこだわりを〝共有〟しているということになります。つまり、ブランドにこだわるということは、ブランドのこだわり自体に共感し、自分自身もそのこだわりを美意識として持つ、ということなのです。

したがって、あなたが「美輪明宏さんにとってのイッセイ ミヤケ（プリーツ プリーズ）が、自分にとっては何になるだろう？」と考え、実際に自分の美意識に一致するブランドを見つけ、生涯にわたってそのブランドの服を着続けるような覚悟があるのなら、そのブランドのこだわりは、すっかりあなたの一部となることでしょう。

ちなみに、私も、パンツやシャツなどの下着に関しては、生涯グンゼでいくと決めています（笑）。たまたま心地よいものにこだわった結果、グンゼに落ち着いたわけですが、愛用している型番が製造中止などと聞けば、一気に数十着を買い込み、「これでしばらくは大丈夫」と、ほっと胸をなでおろしています……。美輪さんと比べるほどのこだわりではないものの、自分の中では強い気持ちで決めたことですから、これからも生涯グンゼのお世話になることでしょう。また、「次はどのシャツにしようか」といちいち悩まなくてすみます。

「自分は美意識が高い」と勘違いをして、何でもかんでもこだわっているようでは、美意識どころか、単なるワガママになってしまうということを、くれぐれも心に留めた上で、みなさんも素敵なこだわりを持ってくださいね。

DATE
自分軸を
持つことを
忘れない

自分の評価軸をつくるために〝眼力を鍛える〟

自分自身を、自らの評価基準（自分軸）で判断することは、とても大切なことです。もちろん、入学試験など、他者の評価軸で判断される場面も多いわけですが、私などはそのようなときにも「あの試験自体がおかしい」「あんな問題は、真の英語力を問うものではない」と思うほどに、自分軸を大切にしています（笑）。

それはさておき、自分自身の評価軸を持つ、あるいは評価の目を養うということは、大変意味のあることです。しかし、あまりに客観性に欠けた自分軸では、ただのワガママになりかねません。仮に、しっかりと自分軸を持っていても、それが客観性に欠けるとき、人はそれを中二病などと呼んだりします。中学生の頃は自我が芽生え始めるときですから、「僕は絶対こう思う！」などと客観性に欠けた考え、別の視点から見れば妄想に近いようなものを抱えることがあるわけです。そのような客観性に欠けた思考がいわゆる中二病と呼ばれ、ときに揶揄されることがあるのでしょう。

たとえば、一度も男女交際をしたことがないにもかかわらず、「女ってのは、こういう生き物なんだよ」などと発言する男子中学生の様子は、ちょっとおかしくて可愛らしいですね。ただし、それは中学生だから可愛いのであって、20代にもなって同じことを考えていたり、発言したりすれば、「この人、大丈夫？」ということになってしまいます。**つまり、年齢や経験を重ねるにつれ、ある程度の客観性を獲得していく必要があるということです。**

では、その客観性を汲みつつ自分の評価軸を定めていく上で、もっとも必要なことは何でしょうか？　それは、〝眼力を鍛える〟ということです。私は眼力という言葉が気に入っているのですが、あるいは鑑識眼と言い換えてもいいかもしれません。

中学生のとき、勝海舟の『氷川清話』を読んでいたことを思い出します。坂本龍馬が西郷隆盛に会いたいというので、面識のあった勝海舟は西郷隆盛に紹介状を書いてやり、実際に坂本龍馬が西郷隆盛に会いに行きました。西郷に会った後、帰ってきた坂本が勝に、「もしバカなら大きなバカで、利口であるなら大きな利口だろう」と感想を言いました。勝はそんな坂本のことを「坂本もなかなか鑑識があるやつだよ」と評価しています。

私はその鑑識という言葉を前にした瞬間、「そうか、人間には人間を見る眼力というものがあるのか！」と大いに腑に落ちたことを覚えています。つまり、「この人の

○○が優れている」と判断する力こそが鑑識眼、眼力です。ちなみに、この〝眼力を鍛える〟ということは、自分の評価軸をつくると同時に、他の人をどう見るかという客観性も必要になりますから、実際に検証をすることもできます。

〝見抜く〟力がある＝眼力がある

たとえば、数十人もが在籍するアイドルグループがありますね。そこで、「このうち、グループを卒業してなお、単独で人気を保ち続けることができるのは誰だろう？」と考えてみてください。おそらく3年ほどが経ったとき、「ほら、僕の言った通りだ！」「いや、自分には眼力がなかったよ」といった具合に、自分の眼力の結果を知ることができるでしょう。いわゆる、〝見抜く〟力というわけです。

ちなみに、私はネットニュースの最後にある、読者のコメント欄に興味があります。ニュースそのものより、そのニュースを一般の人がどう受け止めているかということを知りたいのです。あるとき、サッカーの日本代表である中島翔哉選手が活躍をしたというニュースのコメント欄に、「僕はこの選手に5年も前から目をつけていた。ようやく花開いたようで、非常に嬉しい」といったものがありました。あくまで活躍したのは中島翔哉選手なのですが、まるで自分の手柄のように書いています（笑）。単に、自分に見る目があったということを披露しているわけですが、こういう眼力のある人というのがいるわけです。

たとえば、イチロー選手がオリックス時代に200本安打を達成したとき、「こんないい選手が、これまでどこにいたんだ！」と、多くの人が思ったといいます。つまり、活躍する以前からイチロー選手の実力を見抜いて球団に所属させていた、眼力のある人物がオリックスにはいたということですね。

また、あくまで自分の評価軸で見ていたものが、結果として現れるわけですから、これらをくり返すたび、その人の眼力が上がっていくということになります。

眼力を鍛える、手軽なテクニック

私がシーズンごとの楽しみにしているのが、テレビドラマです。各局、一押しの役者を使って様々な内容のドラマを発表するわけですが、私は最初の1話を見比べて、

「今シーズンはこのドラマが来る！」と予測してみます。このとき、1話目の視聴率は気にしません。そこから上がっていくか、下がっていくかを楽しむのです。

以前、ある女優さん主演の個性的なドラマの第1話を見た瞬間「これはいける！」と思ったのですが、実際にそのドラマはシーズン一番の人気を博しました。そこで、ひとりで「やっぱり来たか……」と満足するのです（笑）。つまり、楽しみながら、自然に眼力を鍛えているというわけです。

映画でも同じです。映画館に行くと、必ず冒頭に何本か、新しい映画の予告編が流れます。私はあの予告編を見ただけで、その映画が流行るかどうかを自分で判断してみます。

あるいは、芸術の世界などでも、同じことができるでしょう。「このアーティストは来る！」と、自分なりの評価軸で評価をしてみることで、眼力が養われていきます。もちろん、すでに有名になっている人でも構いません。とにかく自分自身が、自分の評価軸で「これは来る！」と判断することがポイントです。

ぜひ、エンタメの世界などでも楽しみながら眼力を鍛えて、ブレない自分軸を持ちましょう。

DATE
自分を
「なだめる」方法を
忘れない

自分をなだめる、効果的な方法とは？

イライラしたり、うんざりしたとき、みなさんはどのように自分をコントロールしていますか？　もちろん、納得のいかないことにくすぶり続けるということも、決して悪いことではありません。なぜなら、くすぶるだけの〝エネルギーがある〟という証拠だからです。実際、私も20代はくすぶり続けていました。

くすぶるとは、エネルギーを出したいのに出しどころがなく不発に終わる、といったような状態を指します。当然、評価もされませんから、不満も募っていきます。したがって、あまりにくすぶり続けると、まるで一酸化炭素中毒のような状態になり、不満などのネガティブな感情の刃が、自分自身に向いてしまう恐れもあります。

そんな状態になったときのために、くすぶった魂を沈静化させる、自分をなだめる方法を知っておきましょう。

神道では、鎮魂《たましずめ》という概念があります。魂振《たまふ》りとは、魂を活性化させることをいいますが、その逆で、魂を沈静化させるのが鎮魂です。

私の場合、自分をなだめる鎮魂として心がけたのは、身体的な動作でした。つまり、息をふーっと長く吐くという動作なのですが、この何気ない動作が心身に大きな影響を及ぼすのです。ちなみに、村木弘昌先生の『釈尊の呼吸法』という本がありますが、息をゆっくりと吐くのがお釈迦様の呼吸法だそうです。

息を長く吐くとき、同時に、嫌なものが身体から出て行くようなイメージを持つこともポイントです。著書『整体入門』でも有名な整体指導者の野口晴哉《はるちか》先生は、この嫌なものを邪気と表現されました。野口先生は、みぞおちに手をグッと差し込みながら息を吐くことで、自分の身体を調整する効果があると言います。

つまり、みぞおちが硬くなって呼吸が浅くなっている状態がよくないため、みぞおちを柔らかくしながら息を吐くことが大切であり、これを「邪気を吐く」といった言い方をされたのですね。実際にイメージしながらやってみると、「なぜこんなことで怒っていたのだろうか？」と思うほど気持ちが和らぎます。

「誰の問題か？」を明確にすることで、平静を保つ

以前、主宰する塾で小学生を教えていたことがあったのですが、小学生の集まりで

すから、ちょっとしたケンカがたびたび起こります。その場合、私はケンカしている2人に、「一緒に鼻から息を吸って、口からゆっくり吐いてみよう！」と一通り邪気を吐かせたあと、「さあ、ケンカ再開！」と背中を叩いたものです。しかし、邪気を吐いたせいか、ケンカを再開した小学生はひとりもいませんでした。小学生は呼吸がゆったりすることで気が落ちつき、知らないうちに自分で自分をなだめたのです。

このように、人間というのは意外に身体が基盤となって成り立っているものです。息を吐くということは、自分をなだめる技術の一つです。心に怒りが湧いてきたら、必ずふーっと息を吐くようにしてみてください。

ちなみに、仏教の教えも、自分をなだめる技術のオンパレードといえるでしょう。たとえば、人間は何かに執着したり、期待するから怒ったり悲しんだりする。したがって、執着さえ捨ててしまえばいい、という考え方です。つまり、**自分自身と、問題となるその対象を切り離していく、といったことを重要視するのです。**

ちなみに、心理学者のアドラーも、「自分と、他の人間の課題（問題）をごちゃ混ぜにしない」ということを言っています。

たとえば、私は少し前まで、スポーツ選手の不注意による失点やミスについて、テレビの前で熱く怒っていたのですが、ふと「これは私の課題ではなく、選手の、監督の、そして経営陣の課題であるのだ」と思い直したところ、平静にスポーツ観戦ができるようになりました。もちろん、プレイがよかったときは一緒になって喜びますが、ミスをした場合も、そのミスに対して寛容になることができたのです。

以前の私なら、テレビの前で「どうなっているんだ」「自分が代わってやりたい！」などというヤジを飛ばすこともありましたが（笑）、自分の課題ではないということが明確になった今では、落ち着いて楽しむことができるようになりました。

パニックに陥らないためのテクニック

また、普段の生活の中でも、様々なことが重なりキャパシティを超えて、パニックに陥るようなことがあるかもしれません。私はこれにも条件があると考えています。

人間は、3つのことが重なるとパニックを起こします。つまり、普段のルーティンである仕事をしていたとしましょう。そこに、上司から追加のイレギュラーな仕事を押し付けられたとします。この時点でもかなり厳しいかもしれませんが、そこに家庭内の不和などの3つ目の要素が加わることで、パニックに陥るわけです。ですから、4つともなると、もうアウトかもしれません（笑）。

そこで、私は3色ボールペンになぞらえた法則を提唱しています。まずは赤。これは、ここを外すと生活が成り立たないという案件です。青は、まあ大事だな、と思えること。緑は、できればやっておいた方がいいかも、という棲み分けです。このように分けてみると、優先順位が明らかとなり、心もコントロールしやすくなるのです。

とある会社の社長は、毎日その日にすべきことを順番に3つ書き出し、そのうちの最重要課題である一番上のことしかしないそうです。何と、2番目と3番目は行いません。かなり斬新なアイデアだと思われる方もいらっしゃるかもしれませんが、「やるべきことを、一つだけやる」ということは、自分をコントロールする上で、非常に有効です。「あれもやらなきゃ、これもやらなきゃ」とパニックに陥ることはありませんし、何よりその時々で、もっとも重要なことが把握できます。

このように、優先順位をハッキリさせるということが、パニックから逃れる方法の一つだといえるでしょう。自分を「なだめる」ために、まずは息を吐いて平常心を取り戻すようにしてくださいね。

DATE
自分の知識、経験を
一度は疑うことを
忘れない

自分自身の思い込みを疑ってみる

自己肯定力が高いというのは、大事なことです。ただし、知識や経験に自信を持ちすぎると、少々危険かもしれません。なぜなら、自分という存在自体を肯定することは非常によいことですが、私たちが持っている知識や経験は「そのときはたまたまそうだった」という可能性があるからです。したがって、**決めつけない、過信しない、ということが、いかにして独断を避けるかに繫がるわけです。**

印刷業で成功をおさめたのちに、アメリカ建国の父ともいわれるようになったベンジャミン・フランクリンは、自著『フランクリン自伝』の中で、「自分は独断的な物言いをしたことがない。なぜなら、そのように訓練したからである」と述べています。それは、おそらく〝決めつける〟ということが、いかに危険かを知っていたからでしょう。偉人ですらこのように訓練したくらいですから、私たちはよくよく気をつけたいものです。

したがって、誰もが、自分の知識や経験を一度は疑ってみるべきであり、「相手がこう言っていたのは、悪意ではなく、勘違いかもしれない」というように、自身に問うてみることです。

新美南吉《にいみなんきち》の代表作に『ごんぎつね』があります。きつねのごんは、ただのいたずら心から、兵十の獲ったうなぎを逃してしまうのですが、「盗っ人ぎつね」と誤解されてしまいます。しかし、兵十がうなぎを獲っていたのは、病気の母親に精をつけさせるためだったと知ったごんは、兵十の家に栗などをこっそり届けるようになりました。しかし、そのことを知らない兵十は、「この盗っ人ぎつねめ！」と猟銃でごんを撃ってしまいます。ところが、栗を届けていたのがごんだと知った兵十が、「ごん、お前だったのか」と、がくりと肩を落とすという悲しいお話です。

誰もが小学生の頃に読んだであろう『ごんぎつね』から、私たちはもう一度学ばなければいけません。兵十がごんを「盗っ人ぎつね」だと決めつけなければ、悲劇は起こらなかったでしょうし、あとになって後悔することもありませんでした。つまり、兵十は、もう少し自分を疑ってみるべきだったのです。

「しかし、あのきつねがうなぎを食べていたところを見たわけではない」「毎日、家に栗が届けられるのはどうしてだろう。おかしいな、誰の仕業だろう」といった具合に、自分自身の思い込みを〝疑う〟ことで、悲劇は防げたかもしれません。

デカルトですら訓練した〝理性の力〟

「我思う、ゆえに我あり」で有名な哲学者のデカルトは、「とりあえず一切を疑ってみよ。そこから残ったものが砂金のように真実として浮かび上がるのだ」と言いました。つまり、疑えないのは「ここに疑っている自分がいる」という真実だけだというわけです。また、昔の人は神の存在を疑うことがありませんでしたが、同じく哲学者のニーチェは「神は死んだ」として、従来の神の〝在り方〟を疑ってみせました。

デカルトが積み上げてきた〝理性の力〟も、実は練習して積み上げたものだといいます。つまり、「はたして、これは本当なのか？」と、いちいち疑ってみるという思考の訓練をしたわけです。その結果、「これは〇〇に決まっている！」などという決めつけ、独断をしなくなったということです。

デカルトほど頭のいい人でも、このように訓練をしたわけです。いや、頭がいいからこそ、訓練をしたのかもしれません。このことをデカルトの『方法序説《ほうほうじょせつ》』で読んだ私は、「ほうほう、何と頭のいい人なのだろう！」と感心したものです（笑）。今でも、大学では学生にデカルトの『方法序説』を読ませて、「頭をしっかり使おう！」ということを伝えています。

つまり、「あの人は本当に悪意があってあんなことを言ったのだろうか？」と自身を疑ってみると、その人はたまたま気分が悪く、強く言いすぎただけだった、というような真実が見えてくるわけです。そうすると、相手は本心ではなかった、ということがわかります。もし「一事が万事」的な発想をしてしまう人は、ぜひ、デカルトに学ぶようにしましょう。

〝本質錯覚論〟に引っかかるな！

たまに、「ああいう、ちょっとしたところに、彼の本心が見え隠れする」というようなことを言う人がいますが、私はこの考え方には賛成しません。99％の部分を差し置いて、1％の部分だけに注目するのはおかしいと思いませんか？　たとえば、いつも素行の悪い不良少年が1％よいことをしたからといって、品行方正な人には変身しません。「昔はやんちゃしていてね」などと武勇伝のように語る人もいますが、武勇伝があってこそ今があるといったようなプロセスは、本来必要のないものです。みなさんも、「昔は不良」だった人より、昔から真面目に努力していた人の方が、ずっと偉いと思いませんか？

これは、本質を錯覚していると思ってよいでしょう。ほんのわずかに見せた数％の部分に惑わされるような、いわゆる〝本質錯覚論〟に引っかかってはいけません。

たとえば、失言などもそうです。人間ですから、誰しもたまには言葉のセレクトを間違うことがあります。それにもかかわらず「あの発言に本性が出た！」と言わんばかりに叩くような人は、少々落ち着いて、自分自身を疑ってみてはどうでしょうか。その失言自体よりも、普段のその人の在り方の方がはるかに見るべき部分なのですから……。

自分の知識や経験を過信せず、「これは〇〇に決まっている！」などという独断をすることがないよう、くれぐれも気をつけるようにしましょう。

DATE
明るい人の周りには、
人が集まることを
忘れない

「上機嫌」がもたらす効果とは？

私は「上機嫌」と胸に大きくプリントしたTシャツを実際につくってしまうほど、常に上機嫌でいること、明るい笑顔を絶やさないことを、大切にしています。

ただし、明確な理由があって上機嫌になっているようでは、まだまだ素人です。どんな状況、環境においても上機嫌でいることが大切なのです。ですから、私がつくった「上機嫌」Tシャツの背中には、「意味もなく」と書かれています（笑）。

私などは、この上機嫌の〝思考回路〟が出来上がっているものですから、学生を注意しなければいけない場面でも、注意しているうちに楽しくなり、最後には爆笑しているということもしばしばです。それでも「あれ、注意していたはずなのにな」と我に返り、楽しい気分になるものです。

そもそも不機嫌というのは、自分も気分が悪いわけです。**その不機嫌な空気感を不快に思うのであれば、自ら変えていかなければいけません。**これには、身体的なアプローチも大切です。まずは、その場で軽くジャンプをして、固まった肩甲骨を回し、ほぐしましょう。そして、「まあ、どっちでもいいか」と言葉に出しながら事に当たるよう、努めてください。「大勢に影響なし！」「ノープロブレム！」などのセリフもおすすめです。笑顔で「ノープロブレム！」と言う人が目の前にいたら、「この人、上機嫌だなぁ」という感じがしませんか。これらの言葉を口癖にしてしまいましょう。

不機嫌なままより、上機嫌で事に当たった方が、不思議と効率もよいものです。最近では、スポーツの世界でも、深刻な顔をして試合に臨むよりも、笑顔で臨んだ方が結果を残しやすいということがわかってきています。「この試合を楽しむんだ！」という気持ちを持つことで、結果的に全力を出すことができるのだそうです。

大人は、自分で自分の機嫌を取る

現代は、パソコンの普及によって、かつての会社員が抱えていた3倍くらいの仕事をしているのではないかと思うほど多くの仕事を持ち、誰もが仕事でプレッシャーやストレスを感じる環境にあります。雑談する姿すら見られないほど、緊張感に溢れる職場も多いのではないでしょうか？

ですから、これほどまでに過酷な現代社会においては、時代に見合ったストレスへの対処が必要とされます。自分を救うためには、意識的に笑顔を絶やさない、あるいはポジティブな口癖を持つなど、自分自身で工夫していかねばならないのです。

以前、『世界の果てまでイッテQ！』というテレビ番組において、芸人のみやぞんさんが、過酷なロケの中で不機嫌になったスタッフに対し、「自分の機嫌は自分で取って」という名言を残しました。**大人になったら、他人に機嫌をよくしてもらおうなどと考えてはいけません。自ら、上機嫌でいられるよう工夫するのです。**そのようなスタンスでいるみやぞんさんは、とても素敵な大人ですね。

かくいう私も、20代の頃は未熟で、不機嫌でいることが多くありました。そのことを後悔している原因の一つに、不機嫌さを周囲に撒き散らした結果、友人がいなくなったということがあります。今になって思えば、仕事の少なかった当時はそれだけ自分の時間が持てたわけで、好きな研究も思う存分できました。それにもかかわらず不機嫌だったのは、人としての成熟度が足りなかったのだろうと反省しています。

みなさんも、大人として社会に出た以上は、胸に「上機嫌」とプリントされたTシャツを着ている気分で（笑）、自分で自分の機嫌を取るようにしてくださいね。

DATE
白黒はっきりつけず、
グレーを味わう余裕を
忘れない

この世はグレーゾーンでできている！

男女の仲などでは、ときに「別れるの？　どうするの？」という、白黒つけなければいけない場面が出てきます。こういった場合、「ひとまず、落ち着いてから考えよう」といった〝グレー〟な対応が功を奏することが多々あります。なぜなら、**現実の多くは白か黒で判断できるものではなく、グレーゾーンでできているからです。**

たとえば、離婚直前の夫婦に話を聞くとします。奥さんに事情を聞くと「何てひどい夫だ！」ということになりますが、一方で夫に事情を聞いてみると、「え、奥さんも奥さんだよね……」といったことが多い。どっちもどっち、というところです。

私たちは、常に裁判所の中にいるわけではありません。しかも、多くの現実はグレーゾーンで構成されています。ですから、白か黒かにこだわると、まずは人間関係にヒビが入ります。グレーをグレーのままにする力こそ、持ち合わせたいものなのです。

実は裁判官でさえ、判決を下すまではなるべく和解に持っていこうとするものです。私の友人にも裁判官がいますが、「このあたりでどうでしょう？」というポイントを探り、おさめていくと聞きました。０か１００かという判断は極めて難しいため、「お互いに言い分がありますし、このあたりで決着を」という痛み分けをするのです。

私はこの〝痛み分け〟という日本語が好きなのですが、もう一つ同じような言葉として〝落としどころ〟というものもあります。「双方、いろいろ言い分はあるでしょうが、ここらへんが落としどころでしょうか」と、どんなに複雑で深刻な事態においても、「このへんかな?」という落としどころを探る度量を持ち合わせている人こそが、大人なのではないでしょうか。そもそも、落としどころのない戦いに挑むのであれば、最終的に決裂するしかありません。つまり、オールオアナッシングという考え方は、非常に幼稚なものなのです。幼稚なだけでなく、その考え方、メンタリティ自体が自分を追い込む結果になるということを、みなさんはよく覚えておきましょう。

「○○しかない!」という事態はありえない

大人の世界においては、あらゆることが40と60、あるいは49と51というように拮抗《きっこう》しているものです。ですから、「もう転職するしかない!」「別れるしかない!」「辞めるしかない!」などというように、「○○しかない」と考えている時点で、かなり追い込まれている感じがしますし、何とも幼稚だと思いませんか？ そもそも、「〇〇しかない」という事態はありえません。「仕事の相棒はこいつしかいない！」というわけでもありませんし、「こんなミスをしてしまって、もう会社を辞めるしかない！」ということもないのです。その場の勢いで会社を辞めれば、瞬間的にはスッキリするかもしれませんが、後々になって後悔することがほとんどでしょう。

したがって、**もしあなたが「〇〇しかない！」という思考に陥っている場合には、必ず一呼吸おいて、グレーゾーンを大切にするように心がけてください。**「一か八か」ではなく、いわゆる「二枚腰」を大切にするのです。つまり、「これがダメなら、あの作戦で行ってみるか」「万が一ミスをしても、次回もチャンスがあるんだ」という考え方です。このような思考ができると、追い込まれることもありません。

また交渉術の概念の一つに、バトナ（BATNA）というものがあります。これは、「交渉が決裂したときの、もう一つの選択肢、対処策」のことをいいますが、このバトナを常に用意しておくといいでしょう。

くれぐれも、極端な思考は避けて、穏やかに、軽やかに、どんなに複雑な局面でも乗り切っていきましょう。

まだ大人になりきれていなかったあの頃の私① DATE

プライドに食われるな！

かつての日本には「男のくせに、女性に負けるなんて恥だ」という、たいへん誤った固定観念がありました。私も学生時代、自分よりいつも成績のよいひとりの優秀な女性に対して、「なぜ彼女に勝てないのか！」と、つい躍起になったものです……。

今の時代、よくよく考えてみれば女性の方が勉学に向いている特性を兼ね備えていますし、精神年齢を考えても、明らかに女性の方が高いですね。つまり、完全なる思い込み、まさに愚の骨頂だったわけです。

自分に対する期待が大きいと、人は「負けるのは恥だ」という思いに駆られます。そして、その思いが“悪い”プライド、自尊心になりますと、中島敦の描く「山月記」の主人公、李徴《りちょう》のようになってしまいます。

李徴は優秀な人物でしたが、「臆病な自尊心」と「尊大な羞恥心」のために発狂し、ついには虎になってしまうのです。「人に負けたくない、恥だ！」という気持ちがあまりに募ると、人はおかしくなってしまうのですね。

くれぐれも李徴のように“プライドに食われる”ことがありませんようにご注意を。

2章

「他人」を認める

SNSやメールが普及し、現代では「他人」との関わり方も、大きく変化しつつあります。しかし、人生において場数を踏み、より柔軟な“対応力”を身につけていくという点では、今も昔も変わりありません。バランスよく「他人」を見る目を養い、スマートな人間関係を築きましょう。

DATE
周囲を頼ることを
忘れない

他人に甘えることは、悪いことではない！

最初に、みなさんに知っていただきたいのは、「自分はひとりで生きていける」と思い込んでいる人ほど、他人に迷惑をかけやすい、ということです（笑）。

実は、甘えるということも、他人に好感を持たれる一つの要素になります。精神科医の土居健郎《たけお》先生も、ベストセラーとなった『「甘え」の構造』の中で、「日本の社会において甘えるということは、必ずしも悪いことではない。適度に他人に甘えられる〝関係性〟が好まれるのだ」ということを述べられています。

したがって、基本的には「ここまでは甘えてよい。ここからは甘えずに頑張る」という線引きさえできていればよいのではないでしょうか。たとえば、友人・知人関係の中でも、仮に「甘え」の線引きを間違えてしまうと、借金をして人間関係を壊してしまうようなことがあるかもしれません。あるいは、せっかく出したお茶菓子を「いえ、結構です、本当に結構です」などと頑なに拒否して、「なぜ、お菓子くらいで遠慮するかな？　それくらい甘えたらいいのに……」と、相手の心象を悪くすることもあるでしょう。つまり、**ＴＰＯに合わせた「甘え」の線引きがポイントなのです。**

福沢諭吉の考えの基軸に「独立自尊」というものがありますが、そんな彼でも、〝あるときには他人の世話になり、またあるときには、反対に世話をするということもあるのだ〟ということを、『学問のすゝめ』の中で書いています。

また、「人にして人を毛嫌いするなかれ」「人類多しといえども、鬼にもあらず、蛇にもあらず、ことさらに我を害せんとす悪敵は無き者なり」ともあり、世の中において多くの人と交わることの大切さを説いています。さらには、「共に会食するのもよかろう、茶を飲むのもよかろう、筋骨が丈夫な者なら、腕相撲、枕引き、足相撲など、一席の余興としての交際も一助となるだろう」とあります。もともと「独立自尊」という考えを持つ福沢諭吉であっても、多くの他人と交わり、甘え、甘えられることの大切さを説いたわけです。腕相撲などを提案しているのも、面白いですね。

甘え上手になるためのテクニック

また、他人の厚意を受け取るのが上手な人もいます。つまり、**やたら甘えるのではなく適度に甘え、かつ、その厚意をきちんと返すことができる人のことです。**

たとえば、ミュージシャンや芸能人の方々は、コンサートがあるたびにお花や差し入れなどを贈ったり、番組が一緒になるたびに楽屋でお土産を渡し合うような習慣があります。これは、まさにお互いの良好な関係性を維持するためのテクニックの一つです。上手く人間関係を広げている人は、多くの確率で、見えないところでこのような努力をしているものです。つまり、甘え、甘えられる人間関係を築いているということですね。

あるいは、わからないことがあれば相談を持ちかけてみるということも、甘えの一つです。中には他人に甘えることをよしとせず、「絶対に自分ひとりでやってやる！」などと思って事を進めるうち、結果としてトラブルを大きくしてしまうような人がいます。このように、下手に意地を張ると、逆に周囲に迷惑をかける結果になりますから、むしろよくありませんね。したがって、あらかじめ相談しておくなど、きちんと他人に甘えた方がよい、という場面も多くあるわけです。

取り返しのつかない事態になってから、「もっと早めに相談しておいてくれたらよかったのに！」と嘆かれる前に、他人に甘えるテクニックを磨くとともに、きちんと甘えられるような人間関係を築いておくようにしましょう。

DATE
周囲との会話を
大切にすることを
忘れない

「直接人に会って話すことが苦手」な現代人

今では年齢を問わず、SNSやメールでやり取りをする方が多くなっていることと思います。しかし、実際に会って話すということは、SNSなどにおけるやり取りとはまったく違った効果を生み出すことを、おわかりでしょうか。

たとえば、人間の表情というものは、非常に情報量を多く含みます。そのため、表情や口調一つで、その人がどう思っているか、一瞬にしてわかってしまうような場面も多い。つまり、言葉にせずとも通じるものがあるわけです。しかし、これがメールなどの文面になりますと、相手の感情がわかりづらい、伝わりづらい、という傾向があることは否めません。

ところが、これほどまでにSNSやメールが普及した背景には、「直接人に会って話すことが苦手」という人が増加しているという現状があるわけです。たとえば、SNSでは驚くほど知り合いがいる学生でも、実際に授業でグループを組ませたりしますと、なぜか緊張してしまう……。そんな様子を、教壇から、たびたび見かけることがあります。特に、ここ最近の学生にはそのような傾向が強く見られ、グループでの授業になると、みなさんマナーがよすぎるのか（笑）、最初はかなり遠慮気味、緊張気味にスタートし、時間が経つにつれて、徐々になれていくという印象があります。

一方、昔の学生は、いわゆる〝バカをやる〟ことで関係性を築くと申しますか、自分をさらけ出すことによって、周囲との壁をなくしていく傾向がありました。しかし、今の時代に〝バカをやる〟学生がいますと、逆に、周囲がスーッと冷めてしまうのです……。したがって、〝自分を不必要にさらけ出すことなく、ほどほどのところで手堅くまとめる〟といった印象の学生が増えています。

みなさん、本当にリアクションが薄いので、たまに頑張って笑いを取りに行く学生がいますと、ほとんどが、残念な結果に終わっています（笑）。

〝こなれ感〟が、あなたの大きな財産になる

人間関係においては〝こなれ感〟というものがあります。しかし、最近の学生を見ていますと、この〝こなれ感〟が足りない。こなれている、というのは過去の人間関係において「いろいろ揉まれてきたな、いろいろな人と会ってこなれているな」とい

う印象のことです。

もう十数年前の学生ですが、今でも強く印象に残っている女性がいます。彼女は人間関係において、常に先を見通し、痒いところに手が届き、誰よりも率先して動きました。すでに十分大人だった私から見ても、「何てこなれた人だ！」という印象です。私は彼女がどういう経験を積んできたのか気になったので、機会があるときに尋ねてみますと、実家が中華料理店を営んでおり、小さい頃からずっと店を手伝ってきたと言います。私はそれを聞いて、「なるほど！」と膝と打ちました。様々な人が出入りする店で小さい頃からお客さんと接し、次から次へと注文を取る中で、人間関係における〝こなれ感〟を身につけていたわけですね。

ちなみに、彼女のように何にでも対処できるような雰囲気、つまり〝こなれ感〟のある人は、就職採用面接などで、非常に好まれる傾向にあります。また、若い年齢にもかかわらず、なぜか話していて度量が広い感じを受ける人、というのがたまにいるのですが、彼らも学力と関係なく、よい就職先に就くことができる傾向にあるのです。

つまり、直接の会話が得意だということは、その人にとって非常に大きな財産となるのですね。そのためには、〝こなれ〟という言葉が示すように、ある程度、経験の量が必要になってきます。揉まれるうちに、必ず誰もがこなれてくるはずです。

〝他人慣れ〟するためには〝才能より場数〟

もちろん、〝初々しい〟というのもよい言葉ですが、それでも社会に慣れていない、世間にさらされたことがない人は、周囲にいる者からすると、少々不安に感じられるものです。ですから、直接会話をしたときに、「あ、この人は緊張していないな」「リラックスして話すことができるんだ」「会話にズレがない」と相手に思わせるためには、とにかく〝場数を踏む〟こと。

もし、あなたが職場の飲み会で「ああ、今日も気を遣って疲れたな」などと思うことがあったなら、「いや、自分は場数を踏んでいるんだ」と前向きに捉えてみましょう。場数は、性格や才能とは関係ありません。「あの人、場数踏んでいるよね」という言葉は、「あの人、こなれているよね」と同義です。また、成功失敗を問わないところも、場数のよいところです。**成功も失敗も、経験が多ければ多いほど、それだけ柔軟な対応力が備わっていくのです。**

とにかく〝才能より場数〟というのを一つの標語にして、たくさんの人と触れ合うことをなるべく厭《いと》わないよう、心がけてみてください。

私も講演会やセミナーなどで、たとえ千人規模の会場であっても、「奇数列の人は後ろを向いて、真後ろの人と2人一組になってグループワークをしましょう！」というような取り組みをすることがあります。つまり、横並びであれば知り合いの可能性が高いわけですが、真後ろともなりますと、まったく知らない人というケースがほとんど。突然、初めて顔を会わせる人と、私の指示にしたがって自分の成功体験を話したり、お互いのよいところを褒め合ったりするわけです。

ところが、そんな急ごしらえの人間関係においても、こなれた人は、すぐにでも話し出すことができるのです。もちろん、緊張して最初の1分ほどは上手く話せない人も多くいらっしゃいます。しかし、時間が経つごとに笑顔が多くなっていく。つまり、誰でも時間をかければこなれることができる、ということです。

人生における、ほとんどのことは「慣れ」によるものです。ですから、ときにはSNSやメールでのやり取りだけでなく、人生の場数を踏むためにも、思いきって人と会い、〝他人慣れ〟するようにしてみましょう。

DATE
こまめに返事することを
忘れない

〝繋がっている〟感覚を持つためには？

他人との良好な関係性を保つためには、適度な〝定期連絡〟が大切です。とはいえ、ある時期は親しくしていても、ある時期はめっきり会わない、という友人もいますね。そういう場合には、まるでその時期の到来を知らせるかのごとく、決まった時期に年賀状や季節の連絡をする習慣を持つのも、一つの手でしょう。

実際、ずいぶん前に卒業した学生であるにもかかわらず、「お元気でいらっしゃいますか？　先だって、先生の新刊を読みました」というような内容で、年に1、2回ハガキを下さる方がいます。このような繋がりがありますと、最後に会ってからいくら時間が経っても、何となく〝繋がっている〟感覚が持てるものです。

ただし、昨今での〝返事〟といえば、もっぱらSNSでの返事を想起する人が多いかもしれません。もし、SNSでのやり取りであれば、〝こちらが返事をした状態で終わっている〟ことが望ましいでしょう。しかし、「ありがとうございました！」「こちらこそ、ありがとうございました」など、どこまで返事をし続ければよいか、判断に迷う場面もあるかと思います。そういった場合は、年齢の若い人の返事で終わるようにすると安心かもしれません。つまり、「自分が最後に返事をしたのだから、礼儀は欠いていない」という状態です。ちょっとしたことではありますが、頭に入れておくとよいでしょう。

ポイントは、スピード感のある〝簡単な〟返事

また、頼みごとや頼まれごとの場面においては、〝変化があったら報告をする〟ことが不可欠です。たとえば、試験の前にはいろいろとアドバイスを求めたにもかかわらず、いざ合格した途端に連絡を怠ってしまうようであれば、それは明らかな〝不義理〟といえるでしょう。

しかし、どんなに律儀な人でも、ついつい、連絡や報告を怠ってしまうことがありますね。ただし、礼儀を欠いては印象が悪い。このようなことを防ぐためには〝素早く簡単な対応で対処する〟ことをおすすめします。たとえば、みなさんが思いがけずお菓子や本をいただいたとしましょう。「食べてから、味の報告をしよう」「本を読んでから感想を言わなくては」となれば、ちょっと返事が億劫になるような気がしませ

んか？　そういう場合にこそ、素早い対応をしましょう。

つまり、菓子折りを前に簡単な電話を一本入れて、「これからゆっくり頂戴するところです、ありがとうございました」と言う。あるいは、頂戴した本を前に「冒頭だけ拝読しましたが、面白そうですね！　これからじっくり読ませていただきます」と、簡単なメールを送る。これらは、対応が早いからこそ許される、簡単な対応です。

時間が経ってしまうと、まずは遅れたお詫びから入らなければなりません。また、きちんとしたお礼状を望まれる人もいるかもしれませんし、それだけ本の詳細な内容に触れてほしいと、先方は思うかもしれません。時間が経てば、内容が求められる、ということです。

したがって、**スピード感のある返事をすることで、簡単な内容でも礼儀を尽くすことができます**。まさに、今の時代にフィットした御礼のかたちかもしれません。

また、返信のペースを自分自身で工夫してみましょう。仲がよくて毎日やり取りをしているのは微笑ましいことですが、そのうち、どちらかが疲れてしまうかもしれませんね。そういう場合は、こちらが返信を少しずつ遅らせることによって、1日に3回だった連絡を1日に1回に、そして3日に1回と、ズラしていくことができます。

つまり、こちらが返信をコントロールすることによって、やり取りの頻度を望ましいものに変化させることができる、というわけです。

返信のストレスを、軽減させる方法

あるいは、語彙力もポイントの一つかもしれません。気軽な友人であれば問題ありませんが、先輩などの目上の人、あるいは仕事相手などを相手にしたときでも、語彙力が豊かであれば、さっと返信することができます。

私の同僚にも、語彙力がたいへん豊かな人がいるのですが、彼のメールの文面を見るたびに「ああ、すみずみまで配慮が行き届いていて、大人の余裕まで感じさせる。何とも社会人の鑑だなあ!」と、感じ入っています。

つまり、**その人の文章を見れば、その人の社会性がわかってしまう時代なのです。**

したがって、みなさんも意識して、大人らしく丁寧な言葉遣いを頭の中にストックしておきましょう。できれば、簡単ながらも丁寧で、社会人として恥ずかしくないような文面を、何パターンか頭に入れておくとよいでしょう。「ご多忙中、誠に申し訳ありませんが」「私ごとではありますが」など、誰もが耳にしたことがあるような言い回しを、自分の語彙力のプールに入れておくのです。

　また、このような言い回しは〝まとめて仕入れる〟ことをおすすめします。今ではビジネス用語の本もたくさん出版されていますし、ネットにもたくさんの情報が溢れています。ぜひ、それらを活用するようにしてください。おそらく、返信の際のストレスが、グッと軽減されると思います。

　ぜひ、こまめな返事をするためにも、語彙力を〝まとめて〟仕入れてしまいましょう。

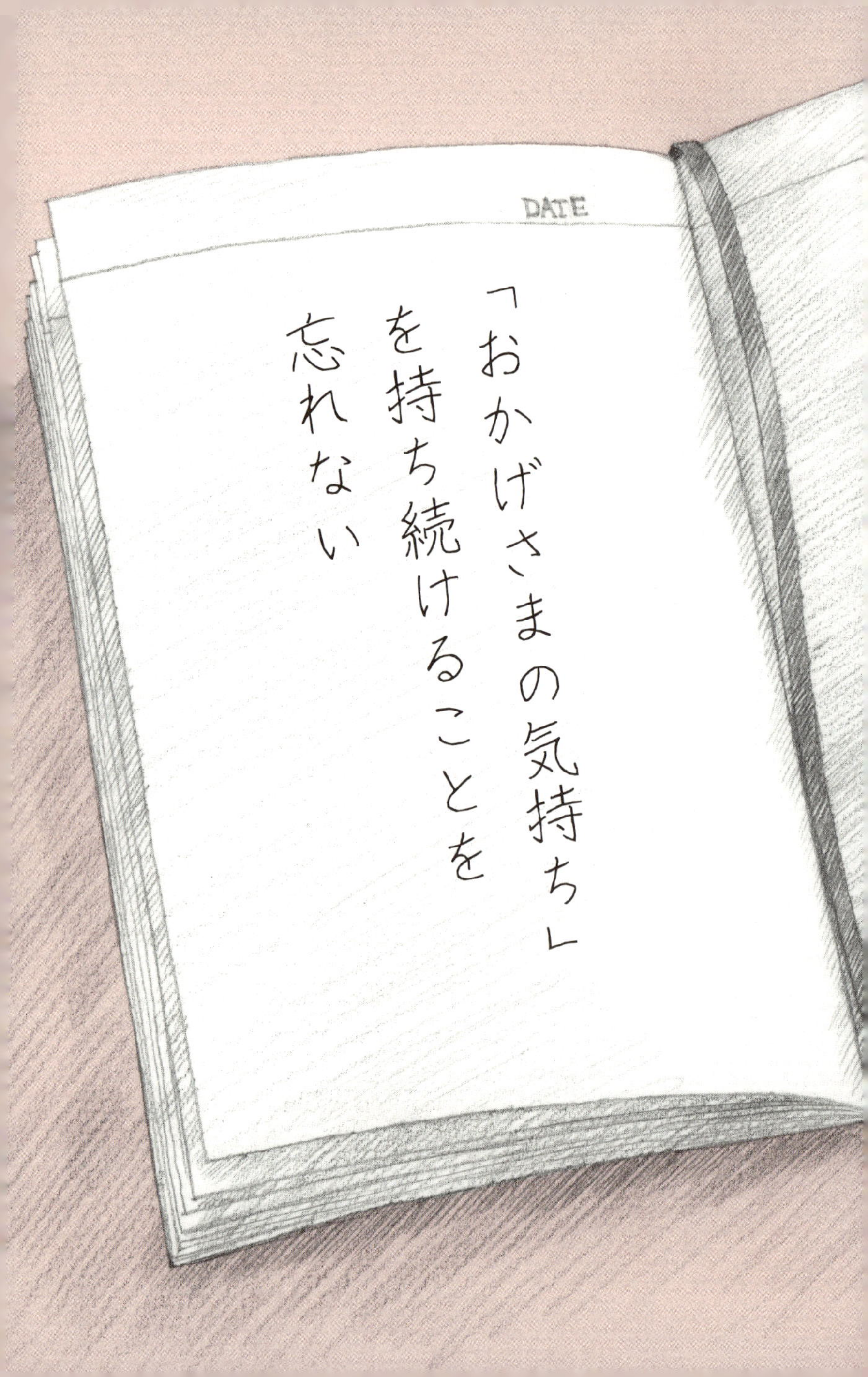
DATE
「おかげさまの気持ち」
を持ち続けることを
忘れない

「おかげさま」のすすめ

不思議なもので、何事にも「ありがたいなあ」「おかげさまだなあ」と思っていると、メンタルが安定し、気を張ることも、不必要なものを抱えることもなくなります。たまに、「すべて自力でやらなければいけない。自分は実際にそうしてきた！」と息巻く人もいますが、それでは負担が大きすぎますし、見ている方も疲れてしまいます。

浄土宗や浄土真宗では、すべては阿弥陀様の〝おかげ〟なので、私たちは「南無阿弥陀仏（阿弥陀様に帰依して、すべてをお任せします）」という念仏を唱えておけばよい、という考えがあります。仏教の思想ですから、どこか縁遠いように感じる人もいるでしょう。しかし、阿弥陀様の〝おかげ〟だと思うのも、周囲の人間の〝おかげ〟だと思うのも、さほど変わりはありません。**つまり、人は繋がりの中で生きているのだ、ということです。**たとえば、よくも悪くも「これも何かのご縁ですね」と割り切ってしまうと、気持ちが少しラクになるような気がしませんか？

ところが、これが「いつも感謝の気持ちを忘れずに！」という考え方になりますと、どこか気が重くなってしまうものです。「すべてに感謝をしなければいけない」という、義務感のニュアンスが出てきてしまうからです。しかし、「いやあ、おかげさまで」という言葉であれば、気も重くならず、様々なシーンで使うことができます。

たとえば、自分の子どもが志望校に合格したとき、あるいは自分が昇進したときなど、いろいろな人から「おめでとうございます！」と声をかけられることでしょう。思わず全員に「ありがとうございます」と返したくなるところですが、考えてみればほとんど繋がりのない人にまで感謝するのは、それはそれでおかしいですね（笑）。

この場合、「みなさまのお力の賜物でして」では、肩に力が入ってしまいますから、「おかげさまで」「これも何かのご縁で」などと返すのがよいでしょう。ぜひ、これらの〝融通のきく〟言葉を使って、気負わず返答してみてください。

柔軟に生きるためのテクニック

「おかげ（御蔭）」という言葉は、神仏からの助け、加護、あるいは他人から受けた力添え、といった意味を持っています。伊勢神宮へ参拝する「お蔭参り（お伊勢参り）」という言葉もあるほど、伝統的な言葉です。これに加えて、先ほどの「ご縁」という言葉を上手に使うことで、人間関係のストレスを軽減することができるでしょう。

たとえば、面倒な会合でも「これも何かのご縁だから」と思うことで、何となく乗り切れますし、「袖振り合うも他生（多生）の縁」の言葉にある通り、これまでに何かしら関係性があったからこそ、今、こうして出会っているのだという考え方を持つことで、すべての流れがよくなります。仮にトラブルなどがあっても、「またご縁がありましたら」と言って離れることができたなら、実にスマートですね。

昔の人は、縁談ですらも「これもご縁ですから」とあっさり受け入れ、そのまま50年ほど連れそうということも珍しくありませんでした。画家のゴーギャンも、一説では最初にタヒチを訪れようとしたとき、妻や子どもはついて行かないということで、たまたまひとりで旅することになったそうです。そして、結局、タヒチでたまたま出会った女性たちを妻としてビーナスとして描き、それらの絵が傑作として残ることになりました。

このように、行く先々でのあらゆる偶然を「これも何かの縁」ということで人間関係を広げていくことができる人であれば、どんな世の中でも、柔軟に渡っていくことができるでしょう。

DATE
他人を祝うことを
忘れない

人と人を繋ぐための〝習慣〟とは？

芸能界にいらっしゃる方々を見ていて驚くことの一つは、みなさん誕生日をしっかりお祝いする、あるいは、きちんと誕生日を覚えている、ということです。中には、知り合いの誕生日にメールや贈り物を忘れないよう、自分の携帯にリマインド機能をかけている人もいるほど！　そのマメさには、驚かされるばかりです。

昔から、贈り物というものは、人と人の関係性を繋ぐために必要な働きをしてきました。これは、何と縄文時代から現代まで続く、古い歴史を持った〝習慣〟です。

たとえば、アイヌ民族の人たちは、物を売り買いすることを好みませんでした。そのかわりに、毛皮などをもらうことがあれば家に招いてご馳走をするなどし、人と人の関係性、つまり〝仲間になる〟ということに重きを置いた贈り物をしたのです。それは、おそらく彼らが直感的に、商品の取引、つまり「経済」でお金のやり取りをするようになると、人間関係のないところで物だけがやり取りされるという違和感があったからではないかと、私は考えています。

贈り物という「文化」

文化人類学者のマルセル・モースは、著書『贈与論』において〝贈与の慣習〟、つまり、この贈り物に関する研究をしています。そして、多くの伝統的な部族が「贈り物をもらったら、きちんと返さなければいけない」という文化を持っていたことを突き止めました。贈られたものよりも過度に多くを返し（消費し）、名誉を得ようとする贈答競争をポトラッチといいます。

このことからも、贈り物という何気ない文化が、人間にとっては非常に大きな意味を持つものであることがわかります。

しかし、現代においては、何かあるたびごとに物を贈り合うということを、いささか〝面倒〟に感じる人も少なくありません。なぜなら、贈る側の手間はもちろんのこと、贈られた側も、昔からの文化である〝贈られたら返す〟ことを考えなければいけないからです。

〝文字を贈る〟というアイデア

したがって、今はメールやライン、あるいは他のSNSなどで〝文字を贈る〟ことが、双方にとってさほど負担のない、よい〝贈り物〟となっていますね。もちろん手紙でもいいのですが、ラインやメールであれば、さらっと気軽に気持ちを〝贈る〟ことができます。

その際、ただの定型文ではなく、少しだけ文章を工夫してみる、あるいは内容に合った絵文字を入れてみるなどという工夫があれば、それだけでも相手には伝わるはず。ちょっとしたアレンジを加えるだけで、相手にとっては印象深いものとなるはずです。

もちろん、相手によっては、お歳暮など、昔ながらの贈答文化を継承することも必要かもしれません。しかし、**格式張ったことを嫌う相手や親しい知人であれば、〝文字を贈る〟ことで十分に喜んでもらえるはずです**。そう考えると、軽やかにお祝いすることができる、いい時代になってきたと思います。

DATE
他人の意見や忠告を
聞き入れることを
忘れない

人間が成長するために、一番大切なことは？

みなさんは、相手から相談を持ちかけられたにもかかわらず、自分のアドバイスをほとんど聞き入れてもらえなかった、という経験はありませんか？ そのようなことがあると、「え！ あれだけいろいろ忠告したのに、何も変わっていないじゃないか」「そもそも、この間の相談は一体何だったんだ？」と思ってしまいますね。

人間が成長するために一番大切なことは、〝素直さ〟です。理想をいいますと、先生に言われれば何でも必死になってやっていた、小学校低学年、とりわけ小学3年生の頃（P151参照）のまっすぐな心です。したがって、他人の意見や忠告を聞き入れることをしない人というのは、この〝素直さ〟に欠けているといえるでしょう。

ですから、もしみなさんが自分から相談を持ちかけたり、あるいは専門家や先輩の話を聞いた際には、少しでも結構ですから、素直にそのアドバイスを取り入れてみるようにしてください。**ポイントは、そのアドバイスを永続的に取り入れようと身構えるのではなく、「とりあえずやってみる」という気軽さです。**

「とりあえずやってみる」精神

たとえば、私は大学で3色ボールペンを使った学習法を提唱していますが、「このようにするといいですよ」とお伝えしても、概念だけを理解して、実際には3色ボールペンを使わない学生の方が多い。しかし、その中でも「とりあえずやってみる」精神で、実際に3色ボールペンを使い始める学生というのは、チャレンジ精神に溢れていますから、実際に勉強面でも伸びていく傾向にあります。

したがって、自分よりも専門性の高い人の言うことは、「とりあえずやってみる」に限ります。ここで申し上げているのは、友人などではなく、専門家、あるいは自分より経験値の高い人のアドバイスを聞いてみる、ということ。なぜなら、友達同士の意見や忠告は、残念ながらあてにならないケースも多いからです。しかし、明らかに成功している人の意見は有用性が高いため、大変貴重なものなのです。

「やらない」ことが、大きな損失になる

そして、「とりあえずやってみる」次の段階として必要なのは、その専門家なり相談者に「やってみたことを伝える」ということです。なぜなら、アドバイスする側も「おお、実際にやってくれたのか！」と知れば気分がよいですし、そのことによって、あなたが、さらなる知識や忠告を得られる可能性も出てくるでしょう。

とはいっても、なかなか行動に移すことができない人も多くいます。むしろ、半分以上の人が「やらない」わけです（笑）。しかし、アドバイスする側、教える側の心理からしますと、「この人は何を言ってもやらないな」「他人の忠告を聞き入れない人だ」と感じますと、当然〝見切る〟という気持ちが出てくるわけです。そうしますと、何よりあなた自身の大きな損失になるということです。

「相談に来たわりには、言ったことを実践しない人がほとんどだな」というのが、教える立場からの本音かもしれません。しかし、みなさんはくれぐれも見切られることがないよう、小学3年生の〝素直さ〟を持って、アドバイスを聞き入れるようにしてくださいね。

DATE
相手の長所を
見ることを忘れない

他人を公平な目で見るためには？

どんな人でも〝他人に対する目が厳しい〟というのはよくあることです。つまり、人というものは、長所よりも短所が目につく傾向にある、ということです。

落語の名人だった古今亭志ん生《ここんていしんしょう》さんは、先輩から「自分と同じ程度に思えるのなら、その人の落語はお前より上手いということだ」と教わったそうですが、これも、他人の芸を見る目には公平さが欠けるものである、という忠告だったのでしょう。

つまり、**バランスよく他人を見る〝目〟を養うためには、努めて長所を見るようにしなければいけません。** そのために、私がおすすめしたい練習方法があります。それは、テレビの鑑賞法です。

みなさんはテレビを見ていて、「何でこんな面白くも何ともない人が出ているのだろう？」などと思ってしまうことはありませんか？　そんなときに、単に自分の〝好き嫌い〟ではなく、その人のことを見るようにしてほしいのです。そうしますと、「なるほど、女性受けのいいタレントさんなのかもしれないな」「若い自分が見ても面白くないが、年配者には受けるかもしれない」などということが、冷静に見えてくるはずです。

あるいは、ベストセラーになる本や商品を「ああ、流行っているね。どうしてあんなものが売れるのだろう」ではなく、「あれだけ売れるからには、それなりの理由があるはずだろう」と捉えるようにしてみましょう。そうすることによって、あなた自身の度量も大きくなってくるはずです。

〝好き嫌い〟を取り払った〝目〟を養う

一方で、たとえば相手が芸能人にもかかわらず、「あの人はたいして可愛くないわ」などと、謎の競争心をむき出しにする方がいらっしゃいますね（笑）。実際に対面すれば、かなりの確率で「可愛い」はずなのですが、どうも他人を見る目が厳しくなりがちです。この場合も、「ああ、こういうところが男性に受けるのね」「これだけファンがいるということは、自分の趣味ではないけれど、需要があるということだわ」と、個人の〝好き嫌い〟はひとまず置いて、冷静な判断をするようにしましょう。

いつまでも〝好き嫌い〟で物事を判断していては、子どもと変わりません。ぜひ、

〝好き嫌い〟を取り払ったもう一つの〝目〟を養ってください。その際、「自分の趣味ではないけれど、これだけ売れているということは、〇〇といった長所があるんだ」というように判断することがポイントです。

相手の価値観を否定しない

〝好き嫌い〟を取り払ったもう一つの〝目〟を養うと、自然と相手の価値観を否定するようなことがなくなります。

みなさんは若い頃、流行中の歌手に熱中する友人に対して、「ふーん。あの歌手が好きなんだ……」と、どこか冷めた目線を送った経験はありませんか？　なぜなら、特に若い頃は、時代のメインストリームにあるものに対して、どこかで反発する傾向があるためです。

先日、マツコ・デラックスさんが「以前は中森明菜一辺倒だったけれど、最近になって松田聖子のよさがわかってきた」という旨の発言をされていました。

これは、かつて時代の象徴ともいえるような、アイドルのメインストリームに位置していた松田聖子さんに反発し、どこか陰のある危うさを秘めた中森明菜さんに惹かれていたマツコさんの「過去」と、メインにあるものにはやはりメインになるだけのよさがあることを理解し、もう一つの〝目〟が養われたマツコさんの「現在」を意味する発言ではないでしょうか。

そもそも、「○○一辺倒」や「○○のよさがわからない」「○○は絶対に無理」などというよりは、「○○も好きだけど△△も好き」「○○のよさは、そこにあったのか！」などという心の広さがあった方が、知見も広がり、自分自身も楽しいですよね。ぜひ、物事を狭く捉えるのはやめて、世の中のあらゆる価値観に寛容でいてほしいと思います。

DATE
どんな相手にでも
公平に接することを
忘れない

「君子の交わりは淡きこと水のごとし」

たとえば、教師が特定の生徒をえこひいきするということは、あってはいけません。フェアに、そして公平に接してこそ、教師としての社会的信用を得られるのです。

これは、教師でなくとも同じです。誰に対しても、〝適度に親切である〟ということが、良好な人間関係を築くポイントの一つなのです。たとえば、〝この人にはとても親切だけど、あの人には随分とそっけない〟ということであれば、「選り好みをする人」というレッテルを貼られて、社会的な評価も下がってしまうことでしょう。

どんな相手にでも公平に接することを学ぶために、みなさんにおすすめしたいのは、「自分は教師である」と仮定してみることです。みなさんは教師ですから、クラスの30名に対して公平に振舞わなければいけません。もちろん、教師も人間ですから、好き嫌いはあります。**好き嫌いがあること自体は仕方ありませんが、この場合、あくまでそれを〝周囲に感じさせない〟ことです。**

中国の古典『荘子』に、「君子の交わりは淡きこと水のごとし。小人の交わりは甘きこと醴《れい》のごとし」という言葉があります。これは、君子の交わりは淡々としていて水のようだけれど、普通の人の交わりは甘酒のようにドロドロしているという意味があります。ここでも、人間関係における〝適度な距離感〟の必要性が説かれているのですね。

したがって、〝適度な距離感〟を大切にしつつ、周囲と対等に接していけばよいでしょう。ただし、八方美人になる必要はありません。それでは、やりすぎになってしまいます。あちこちにいい顔をして疲労するのではなく、「君子の交わりは淡きこと水のごとし」の言葉通り、無理のない範囲での「淡き」交わりを結んでいくこと。

もちろん、好き嫌いや趣味嗜好があることを否定はできません。しかし、大人であれば、それらをある程度コントロールすることも必要になってきます。

〝自分に対して興味がなさそうな人〟への配慮

むしろ、親しみやすい人ではなく、一見話しかけづらいような人物に対し、意識的に声をかけていくことが大人の流儀の一つといえるかもしれません。

私の例でいいますと、講演会などで〝熱心に自分の話を聞いてくれている人〟に向かって話すのは、非常にラクです。ところが、彼らばかりに向かって話し続けますと、そもそも話をあまり聞いていなかった他の人たちとの距離が、さらに大きく広がってしまうのです。そこで、あくまで私の場合ですが〝もっとも自分の話に興味がなさそうな人〟に向かって話すように心がけています。そうすると、最初は先方も「また見ているぞ」「やけに視線がこっちに来るなあ」といった顔つきをされているのですが、気配りを続けるうちに、次第に私の話を頷きながら聞いてくださるようになるのです。

このように、一見〝自分に対して興味がなさそうな人〟への気の配り方、配慮というものは、人間関係のバランスを取る中で持っておきたいスキルなのです。

あるいは、このバランスがもっとも必要になるのは、相手を〝評価する〟場面かもしれません。**一般的な評価基準にしたがって、公平な判断をすることは、社会人として非常に重要なポイントであり、自分の主観が入り混じる評価ではいけないのです。**

特に、人の上に立つ人は、できるだけ自分の主観を排していかなければなりません。〝好き嫌い〟で組織を構成しようとすれば、必ずほころびが出ることでしょう。

いつも冷静に、第三の視点から、物事を判断するように心がけてくださいね。

DATE
時間を守ることを
忘れない

「遅刻にうるさいのは日本人だけ」ではない

名門サッカーチームであるFCバルセロナに、ウスマン・デンベレという選手がいるのですが、彼は集合時間に20分の遅刻をしてしまったところ、監督に「次回の試合には出場させない」と判断されてしまいました。挙句は「放出すら考えている」というニュースまで流れる始末です。

もちろん一流の選手ですから、集合時間の遅刻よりも、試合でのプレイや結果の方が大切な気もします。しかし、監督は彼の遅刻をそれほどに大きく考えたわけです。

また、このデンベレ選手だけでなく、同じチームの別の選手がプライベートな用事で飛行機に乗り遅れ、集合時間に遅刻してしまった際も、やはり、その選手が次の試合に出場することはありませんでした。

つまり、こうした実力主義の世界であっても、「遅刻をするようではチームの一員として認められない」という監督判断が下されるわけです。今や海外でもそれが常識となっており「遅刻にうるさいのは日本人だけ」という概念は、もはや過去のものになろうとしています。

私自身、少し前まで到着時間ぴったりに着くのが美しいというように考えていたのですが、実際はぴったりの時間から少しズレることも多く（笑）、今では考えをあらためるようになりました。

目上の人との仕事はもちろんのこと、そうでない場合にも、逆にみなさんをお待たせすることになってしまいますから、やはり遅刻は厳禁です。会議室で、20名ほどの人が自分を待っている様子を思い浮かべてみてください。ちょっと、ぞっとしますよね……。

ここは日本ですが、**電車は遅れるもの、道は混むもの、なのです。**

もし、教師が遅刻をしたら？

私は大学で教職課程のクラスを持っている立場上、学生を教育実習に送り出すわけですが、このとき、必ず伝えることがあります。

普段はひとりの学生ですから、電車が遅延して授業に遅れたとしても「遅延証明書」を提出すれば、すむことでしょう。ただし、教師として授業を受け持つ立場ともなれば、仮に遅刻しても生徒40人全員に「遅延証明書」を配ればよい、という問題ではありません。ですから、仮に電車が遅れたり止まったりしても、そこからタクシーを飛ばせば間に合う程度の時間を想定して動くよう、学生には指導しています。

逆に、現地に早く到着するぶんには何も問題がありません。仮に30分ほど早く着いたとしても、カフェに入ってコーヒーでも飲んで、その日のスケジュールを確認していればよいわけです。

以前、肝を冷やした出来事がありました。仙台で講演会を行うために乗る予定だった新幹線が、何と新幹線にもかかわらず人身事故を起こしてしまったのです。このときはあわてて東京駅に駆け込み、当初の予定よりも早く移動を開始したために難を逃れましたが、とにかく距離があればあるほど危険、ということを思い知った出来事でした。私はおかげさまで全国各地を講演会で回るものですから、それ以降、遠ければ遠いほど、時間に余裕を持って出発するようにしています。

とはいえ、先ほども申し上げました通り、私はもともと到着時間ぴったりに着くのが美しいと思っていた人間ですから葛藤はありました。しかし、遅刻の不安には代えられません（笑）。

一流の人は、遅刻をしない！

私の古くからの友人には、今では大きな会社の重役を務めたり要職に就いていたりと、私よりも多忙である人が多くいます。彼らは、秒刻みのスケジュールの中、いつも大きな仕事をこなしています。

しかし、不思議なことがあるのです。それは、彼らと飲み会の約束をしますと、たとえば19時スタートであれば、みんなが19時に勢揃いしているということです！　それがたまにではなく、毎度のことなので、私はいつも感心してしまいます。**時間の大切さをわかっている人たちだからこそ、みんなが出世しているのだなあと感じ入る次第です。**

また、元慶應義塾大学の教授で、『モラトリアム人間の時代』などを書かれた、小此木啓吾《おこのぎけいご》先生という方がいらっしゃいました。先生が、フロイト関連の本に書かれていたことですが、「自分たちは精神科医の会を一年に一度必ず催しているが、そこでは遅刻も欠席もひとりもいない」というのです。まさに、私の友人たちと同じです。

そして、先生は続けます。「なぜなら私たちは、プロの精神科医だからだ」と。何とも、かっこいいですね。たしかに精神科医という立場にある方たちは、患者さんに対して「15分遅れます」などとは言えませんし、それでは社会的信用を失ってしまいます。ただし、患者相手だけではなく、同じ精神科医の集まりであれ、何であれ、遅刻は一切ないというのが素晴らしいところです。

あのイチロー選手は、現役時代、目覚まし時計を必ず2つ用意しておいたそうですが、それは片方で起きなかったときのため、ではありません。片方に万が一、電池が切れたり故障が生じたときのため、だそうです……。

さすが、一流の人たちは、危機管理も一流ですね！

DATE
他人の時間を大切にする
ことを忘れない

「他人の時間を奪わない」ということ

時間を守ること（P100参照）と同じくらい大切なことの一つが、「他人の時間を奪わない」ということではないでしょうか。

私も常々感じていますが、日本人は〝始まり〟の時間に関しては神経質になるにもかかわらず、〝終わり〟の時間に関してはとかくグダグダになる傾向があります。たとえば、会議などを思い浮かべてみてください。スタートの時間にはみなさんがビシッと揃うものの、終わりの方になりますと、もはやメールですむようなことまで「あ、言い忘れましたが、あの件については……」などと、ズルズルと時間が延びていくような雰囲気になりませんか？

私は、会議の運営については独自の見解を持っており、会議の時間を半分にして、かつ、これまで以上の効果を生み出すための方法を『会議革命』という本にまとめたことがあるほどです。ですから私が会議を仕切りますと、とにかく早い（笑）。具体的にはストップウォッチを使用して、「はい、5分経ちましたから次の話題に移りましょう！」「はい、では次です！」といった具合に、テキパキと進めます。

しゃべりすぎないためのメソッド

もちろん、自分自身がしゃべる際にも、必ずストップウォッチを使用して、ダラダラとしゃべることがないよう気をつけています。自分のルールとして、会議においては「一つの発言は15秒、報告は1分まで」と決めています。なぜなら、人が話に集中できるのは、だいたい1分までだからです。ちなみに、ストップウォッチの「ピッ」という音が気になる場合は、鳴らない仕様にしてから、話し始めるようにしてください。

たまに、「4人一組で3分間のディスカッションをしてください」という課題を出しているにもかかわらず、ひとりで2分以上も話し続けてしまう人がいらっしゃいますが、それでは、他人の話す権利を奪い取っていることになってしまいます。しかし、日本人はマナーがいいものですから、他人の話を遮ることをよしとしません。

話を手短かにする練習法として、グループごとにペットボトルを1本用意し、しゃべる人はこのペットボトルをマイクに見立ててしゃべる、ということをおすすめしています。ペットボトルを持ったまま、何分もしゃべり続けるのは何だか気恥ずかしいものです（笑）。

別の練習法として、誰かひとりをタイムキーパーにして「はい15秒です」と管理するというものもあります。少しやるだけで意識が変わります。

人の命とは、時間そのものである

もちろん、普通の人間関係において、このように厳密にコントロールするのは難しいでしょうから、その場合は心のストップウォッチを使って、相手の時間を奪いすぎないよう、くれぐれも注意するようにしてください。

たとえば、お金を誰かから5千円奪ったということがあれば、その人は一生、誰からも信用されませんね。それにもかかわらず、他人から奪った30分、1時間はなぜか許されてしまう……。そのような風潮は、おかしいと思いませんか？

ごく稀に、600字程度のインタビュー取材に「2時間ほど頂戴できますか？」とおっしゃる方がいるのですが、私のように早口でまくしたてる者からしますと（笑）、600字程度ならば、5分あれば十分なのです。

私は時間を時給に換算すること自体は好みませんが、仮に2時間も他人から余計に時間を奪ったとすれば、それはお金を奪う以上にひどいことかもしれません。なぜなら、**人生にとってより大切なのは、お金ではなくて時間だからです。人の命というものは限りあるものですから、実は時間と同義なのです。**

時間泥棒にならないためのテクニック

どんなにお金があっても、時間だけはお金で買うことができません。それにもかかわらず、他人の時間を奪うことに鈍感な人が多すぎるのでは、と私は危惧しています。

そのためには、人と会う前にあらかじめ準備をして、当日、スムーズに話が進むようにするための工夫をする必要があります。ただし、相手のリクエストや意向がわからないまま準備をしてはいけません。結果として的外れになると、あなた自身の時間が無駄になってしまうからです。

お互いの時間をうまくやり取りすることは、お金のやり取り以上に大切なことです。

以前、テレビ番組の収録現場で、仕切りが悪いために1時間半ほど待たされたことがありました。テレビの世界、特にドラマの現場などでは、待つことも仕事のうちという考え方もあるかもしれません。それにしても、手持ちぶさたであるにもかかわらず、その場で別の仕事を始めるわけにもいきませんから(笑)、あのときは非常に困ってしまいました。

もちろん、必要な待ち時間であれば仕方ありませんが、あくまで事前の準備不足による仕切りの悪さで人を待たせるということは、相手が誰であってもよろしくないでしょう。

みなさんは、ぜひ「タイムイズマネー」という概念をしっかり頭に叩きこみ、「どうやったら他人の時間を奪わずにすむか?」という点を真剣に考えて、もしルーズなところがあれば、きちんと見直すようにしてください。

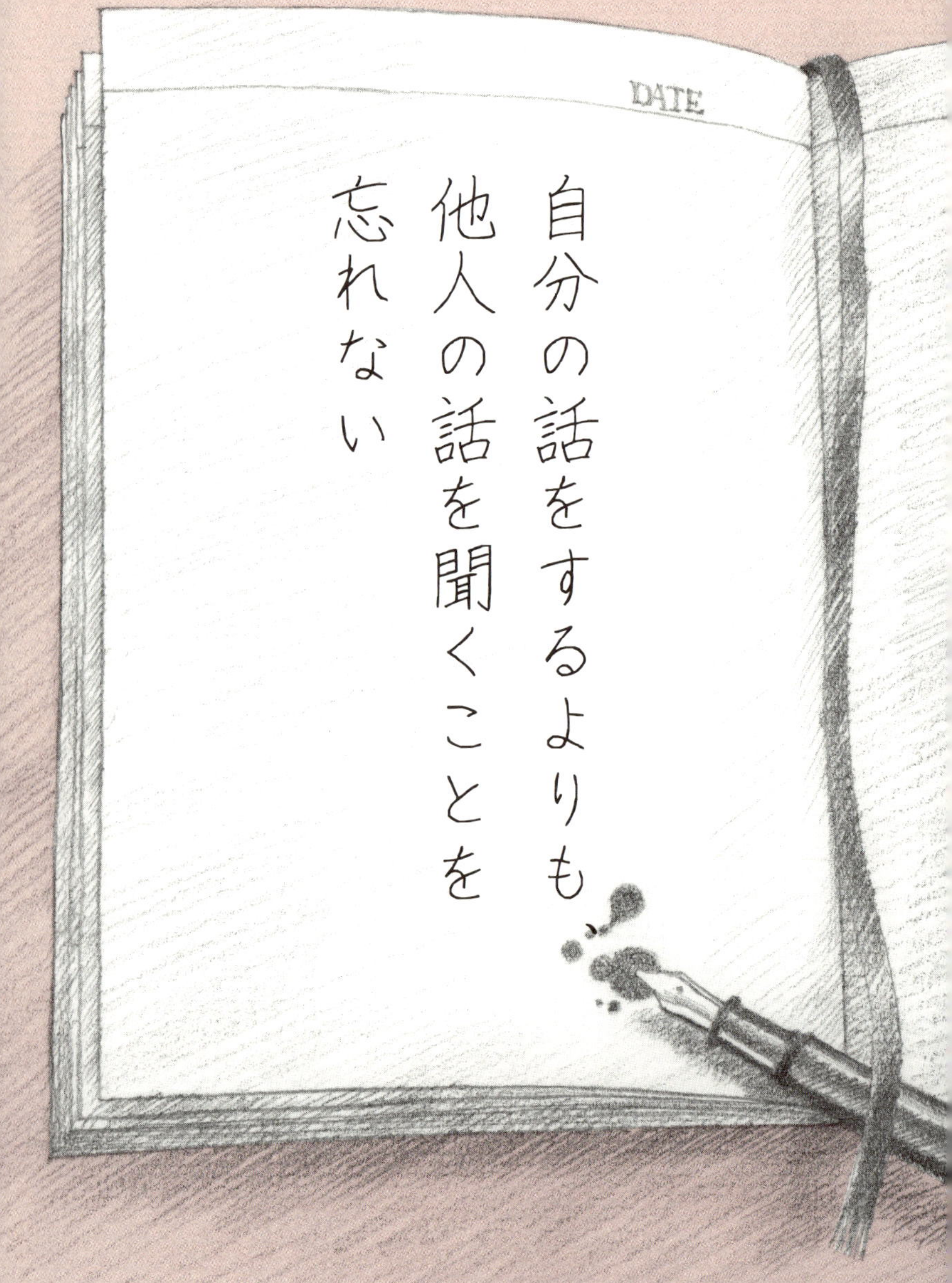
DATE
自分の話をするよりも
他人の話を聞くことを
忘れない

大人は「聞き上手」である

「聞き上手」であるということは、大人のたしなみの一つです。「それでね」「あのね」と延々と話し続けているようでは、子どもと変わりありません。もちろん、誰もが子どものように、自分の話をしゃべりたいことでしょう。しかし、誰かしらが話のキャッチャーとなって〝話を聞く〟という役回りに就かなければいけません。ピッチャーだけでは、会話は成り立たないからです。

私が小学3年生の頃でしょうか、近所に小学6年生のお兄さんが住んでいました。彼はいつも私を可愛がってくれていましたが、中でも「キャッチャーになってあげるよ」と言って、日が暮れるまで私の投げる球をキャッチし続けてくれたというささやかな思い出を、今でも忘れることができません。

自分よりはるかに野球の上手いお兄さんが、自分のつたない球をキャッチし続け、励ましてくれたという経験を思い出すたびに、「上手に話を聞く人というのは、彼のように、よいキャッチャーであるのだなあ」と感じます。球を投げる側、つまりしゃべる側の人間をよい気分にさせる、いわゆる「聞き上手」ということです。

「聞き上手」になるためのテクニック

ちなみに、地位の高い人、偉い人というのは、その経験値の高さから、何かとしゃべりたがる傾向にあるものです。ですから、聞き上手な人を横に置いておきたくなる。ところが、そういった人は、アクが強くて話しかけづらい雰囲気がある場合も多く、ほとんどの人が彼らの話をまともに聞くことができません。

そういった人との会話においては、「へえ」「なるほど」「そうなんですね」という相槌にとどまらず、「へえ、では○○ということでしょうか?」「なるほど、ということは、○○ということで合っていますか?」という具合に、いくつか質問を用意しておくとよいでしょう。そうすることで、「へえ」「なるほど」で話が打ち切られることなく、次の話へと必ず〝展開〟していきます。これは、聞き上手になるためのテクニックの一つです。

もちろん、地位の高い人でなくても、多くの人は自分の話をしたいわけです。ですから、「途切れなく質問されて、何だか疲れた……」という印象を持たれることはまずありません。逆に、「気持ちよく話せたなあ!」と思ってもらえるケースがほとんどでしょう。

したがって、**聞き上手な人は、有益な情報を聞き出すことにも長けています。**同じ時間を過ごしていても、得られる情報が多く、多くの学びがあるからです。一方で、自分がしゃべっている間は、得られるもの、つまり新情報は一つも入ってきません。

ぜひ、この点に気づいて聞き上手になり、たくさんの教訓や教えを得るようにしていただければと思います。ポイントは、「へえ＋質問」の方式です。

ゲストをよい気持ちにさせる、大物司会者

その際、みなさんに気をつけていただきたいのは、他人の話を〝盗って〟しまうことです。話を膨らませようとして「あ、その話題でしたら、私も以前に○○ということがありましてね」などと、結果として相手の話を奪ってしまうケースです。

以前、明石家さんまさんが司会を務められるテレビ番組『踊る！さんま御殿!!』に出演させていただいたことがあります。さんまさんについて、みなさんはどのような印象をお持ちでしょうか？　もしかすると、先述したように、いわゆる他人の面白い

話を奪ってしまうような印象がある人も、中には、いらっしゃるかもしれません。

ところが、これが勘違いなのです。さんまさんは、ゲストに話を振ると、きちんと相手に〝しゃべり切らせる〟のです。しかも、話が終わると、ときには床を転げ回ってリアクションをします。私はいまだ、床を転げ回る大物を他に知りません（笑）。

つまり、きちんとゲストにしゃべらせた上で、腹を抱えて笑い、床を転げ回るという大きなリアクションをする。要するに、明石家さんまさんは、ゲストをよい気持ちにさせる聞き上手なのです。

「投げさせて面白い」キャッチャーの楽しみ

他人の話を聞くということは、実はプロフェッショナルな技術が必要とされる行為です。なぜなら、きちんと「聞いていますよ」というリアクションを取りつつ、本気で聞いていることをアピールするならば、相手の話を要約できるところまで理解していなければいけないからです。

したがって、もしみなさんが「聞き上手になる」という目標を掲げるのであれば、

その技術を磨くことで、これまでとは違った視点ができて世界が広がり、人生が楽しくなるかもしれません。

つまり、ピッチャーとしての楽しみ方より、キャッチャーとしての楽しみの方が、深いということです。

「投げさせて面白い」、つまり「話させて面白い」という境地にまで達することができたなら、あなたは上手なMCのように、他人の話を聞くことを忘れない、立派な聞き上手ということになるでしょう。

DATE
他人の経験は、
何よりも自分の糧になる
ことを忘れない

どんな人からも、学び取る姿勢を

小説家の吉川英治さんの著書に、『われ以外みなわが師』というものがあります。「自分以外の者は、すべてが自分の師匠である」という意味ですが、非常に深い言葉ですね。

実は、この言葉の起こりは、2000年以上前に書かれた『論語』にあります。

孔子は「3人で行うと、必ず得るものがある」と言っていますが、これは自分以外の2人が〝自分より優れている者〟と〝自分より優れていない者〟とした場合、優れている者からは優れていることを学び、優れていない者からは優れていないところを見ることで〝我がふり直す〟ことを学べばよい、という意味合いです。

よく、兄弟や姉妹のうち、弟や妹の方が要領のいい人が多い、などといいますね。

これは、兄や姉が両親とのやり取りで得たものを、それを見て労することなく享受することができ、兄や姉の行いを見ることで「自分はこういうときに叱られないようにしよう」と、〝我がふり直す〟ことができるからではないでしょうか。

私の高校時代の友人のひとりに、いつもふざけてイタズラばかりしているにもかかわらず、一度たりとも怒られたことがない、という人がいました。私は「なぜだろう？」と不思議に思い、興味深く観察してみますと、彼は「どこまでやったら人は怒るのか」ということを必ず頭に入れた上で行動していたわけです。つまり、彼には「ここまでなら大丈夫」という明確な線引きができているのです。

厳しい世界に生きる人の生きざまを見よ！

「他山の石」という言葉をご存知でしょうか。これは、他人の誤った言動を見て、自分の行いの参考にすることをいいます。**他人の経験を自分の糧とすること。そのためには、とにかく周囲の言動を注意深く観察すること。**

私は、テレビや週刊誌などで「借金で首が回らなくなる」「人生が転落した」といった類いの話を見聞きすることが大好きなのですが（笑）、それらのリアルな話に触れるたびに「借金をしてはいけない！」「賭け事など断じてするものか！」と、日々、自分に言い聞かせるようにしています。〝一寸先は闇〟という言葉もありますが、常に〝他人事ではない〟という感覚を大切にしているのです。たとえば、仕事の契約が切れる、あるいは雑誌などで連載が終了するといったことがあります。私は若い頃、このようなことが起きるたび「何がいけなかったのだろう?」とうろたえたものですが、さすがに今では、そのようなことはなくなりました。なぜなら、第一に慣れてきたということ。第二に毎年年末にテレビで放送されている『プロ野球戦力外通告 クビを宣告された男達』というドキュメンタリー番組を欠かさず見ることで、乗り切ることができるようになったからです。もちろん、冗談ではありません。

このドキュメンタリーには、ドラフト一位で入団したにもかかわらず、一度も一軍で活躍することのなかった選手、子どもが生まれたタイミングで戦力外通告を受けた選手など、様々な苦境に立たされた選手が出てきます。プロの世界ですから仕方のないことだとしても、〝戦力外〟という言葉には非常に厳しい印象があります。みなさんが上司から〝戦力外〟だと言われたら、いったいどんな気持ちになるでしょうか?

したがって、私はちょうど年末に放送されるこのドキュメンタリー番組を欠かさず見ることで、気持ちを引き締めてから新しい年を迎えることが、もはや習慣となっています。もちろん、私もみなさんもプロ野球選手ではありませんが、このように厳しい世界に生きる人たちの生きざまを見ることは、必ず自分の糧となることでしょう。

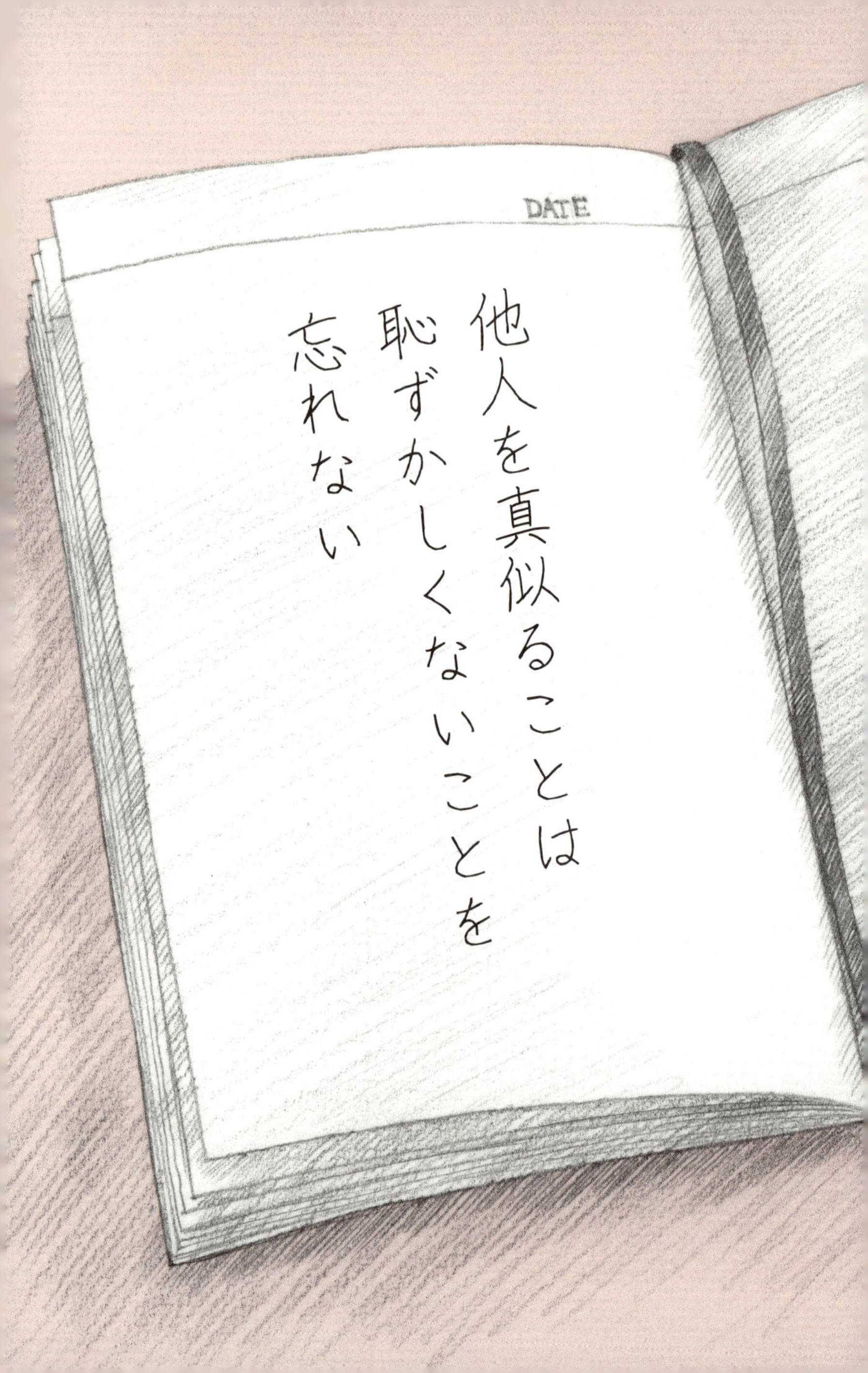
DATE
他人を真似ることは
恥ずかしくないことを
忘れない

一流の人間は、他人から「真似《まね》ぶ」

みなさんご存知かもしれませんが、「学ぶ」という言葉は「真似ぶ」という言葉から派生したものです。他人を真似ることは学ぶこと。したがって、少しも恥ずかしいことではありません。あるいは、そこで学んだことを人前で披露することすら、学びのうちだといえるでしょう。

どの世界でも、トップにいる人は、きちんと他人を「真似ぶ」ことを忘れません。たとえば野球の大谷翔平選手はメジャーリーグに居場所を移した際、他のメジャーリーガーの強打者たちのフォームを「これはヒントになるぞ！」ということで、いくつも試したといいます。つまり、あれほどの水準にある選手でも、他人から学んでいるのです。

あるいは絵画の世界でいいますと、印象派というものは、モネが試した斬新な技法を、みんなが真似ていく流れの中で生まれたものです。外の光を写し取るということを、多くの人が真似したわけですね。また、あのピカソにしても、様々な時期があるものの、ほとんどが、誰かしらを「真似ぶ」ことから発展した技法だそうです。

したがって、これだけクリエイティブな先達ですら、他人を真似ながら作品をつくっているわけですから、真似ることは少しも恥ずかしいことではありません。**大事なのは、ただ「真似る」のではなく、自分流に「アレンジ」を加えるということです。**

つまり、「真似る」力は、「アレンジ」力と言い換えることができます。

自分にフィットするようにアレンジすることで、そもそも真似ることから始まったことすら、わからなくなることも多いでしょう。

優れた人に学ぶためのメソッド

そもそも、上手な人を見て学ぶということは、昔から大切なことでした。いわゆる「見取り稽古」というものがあります。「見取り」ということですから、「見て」「取り」、自分の意識に定着させるわけです。ですから、昔の師弟関係においては、教えてもらうというよりも、師匠のやり方を〝見て盗む〟というやり方が一般的でした。

しっかり学ぶためには、まず、他人のよいところを見て、それをメモするようにしてみてください。なぜならメモを取ることで、不思議とよく〝見る〟ことができるようになるからです。

この場合、くれぐれも注意していただきたいのは、「真似る」人を間違えない、ということでしょうか。極端な例かもしれませんが、刑務所などでは受刑者たちがそれぞれよろしくない情報をやり取りし、真似し合うため、出所するときにはさらにずる賢くなっている、という話もあるほどです。つまり、真似る人を完全に間違えているわけですね。

たとえば、アメリカの公民権運動の主導者であるキング牧師は、ガンディーの「非暴力・不服従」というやり方を真似たといいます。ですから、ボイコットなど、決して暴力的ではないやり方で、抵抗運動を展開していきました。

このように、優れた人に学び、自分流にアレンジを加えて、あなたの大きな力に変えていってください。

DATE
相手を楽しませることを
忘れない

〝冗談を言う人は勇者〟である！

私は、個人的に〝冗談を言う人は勇者〟であると考えています。なぜなら、冗談を言わなくても特に問題はないにもかかわらず、あえて冗談にチャレンジするわけですね。ましてや、その冗談が滑ったときの痛みすら引き受けて、それを乗り越える（笑）。まさに、これぞ勇者だと思いませんか？

したがって、そのようなリスクを負ってなお、その場を温め、和ませる冗談が言えるような人は、極めて価値の高い人であるといえるでしょう。ただ単にその場にいて笑うだけではなく、冗談を言って周囲を和ませる能力を持つ人は、それだけで給料が高くてもいいのでは、と思うほどです。

また、このように周囲を和ませ、楽しませる人については、テレビを見ていても学ぶことができます。みなさんには、ＴＢＳの安住紳一郎アナウンサーの、バラエティ番組『ぴったんこカン・カン』における活躍を、ぜひ見ていただきたいと思います。彼は、いつもゲストを立てつつ、上手にいいところを引き出しながら、必ず笑いを生み出しています。彼は、かつて私の教え子でしたが、以前、私に向かって「先生、僕はもう傷だらけですよ（笑）」と話してくれたことがあります。

そう話すほど、彼はバラエティという戦場において、傷だらけになりながらも戦い続けているわけです。まさに、勝負をかける勇者です。

笑わない人＝マナー違反？

もちろん、彼のような勇者は稀有ですが、せめて冗談を聞く側の私たちは、しっかり笑わなければいけません。**冗談を言うリスクを負っている人に対して笑うということは、社会人としての礼儀であるとすら、私は考えています。**

いわゆる社会性に関わることですから、相手が冗談を言っているにもかかわらず笑わない人がいれば、その人は社会性に欠けている、と判断してよいでしょう。

私はコミュニケーション力をテーマとした講演会の冒頭で、こう言うこともあります。「ということで、私はこの講演会の途中、いくつも冗談を飛ばしますが、笑ってくださらないということは、社会性に欠けている、マナー違反である、ということです」と（笑）。

これもある意味で、一つの冗談かもしれませんが、冗談の本質というものは、相手との距離を縮めること。つまり、冗談を言うということは、「お互いに関係性をよくしましょう」という気持ちの表れだということです。

その際、その冗談が面白いか面白くないかは、さほど問題ではありません。雰囲気として〝面白そう〟であればいいわけです。

冗談の根付かない国、日本

日本という国では、いまだ冗談の文化が根付いていないなあと感じる場面が多々あります。逆に、さかのぼって江戸時代の方が、〝地口《じぐち》や軽口（たわいないけれども、面白さを感じる言葉）を言って楽しむ〟などという文化がありました。

「どこ行くんで？」「いいとこ床屋の縁の下でい」などというやり取りは、単に「ところ」と「床屋」の語呂がよい、というだけです（笑）。「おっと合点承知の助」「おととい来やがれ！」などと言いながら、みんなが笑い、和んでいたわけですね。

現代では、このような〝和み〟を大切にする人が、減ってきているように感じます。

つまり、せっかく冗談を言う人がいても、シーンとその場が冷えてしまうような空気感と申しましょうか、そういう冷たさを感じるシーン（これは冗談ではありませんよ）が増えている傾向にあるわけです。

〝和み〟を大切にする文化を

みなさんは、渥美清《あつみきよし》さんが〝寅さん〟を演じる、『男はつらいよ』の映画シリーズをご覧になったことはありますか？　国民的人気を博したこれらの作品を見ていますと、「ああ、昭和という時代は、こうして和んでいたんだな」ということが、手に取るようにわかります。〝和み〟を大切にする文化を知るためにも、よろしければぜひ一度、ご覧になってみてください。

みなさんも、これからは〝和み〟を大切にするために冗談を言う、冗談を飛ばさないまでも冗談が出れば積極的に笑う、ということを心がけるようにしてください。何も大声で笑わなくてもいいのです。クスリと笑うだけで結構です。このクスリという笑いがあるだけで、冗談を飛ばした上司には好かれるでしょうし（笑）、仮にクスリとも笑わないようであるのならば、感じが悪いと思われかねません。

稀に、キャラクターを貫くためか、何を言ってもクスリともしない人がいらっしゃいますが、本当に誠意があるのならば、相手の冗談に敬意を表して、少しは笑うべきではないでしょうか。

ぜひ、社会人のマナーの一つとして、傷だらけの勇者を、笑いで包み込んであげましょう(笑)。

DATE
人を守ることを忘れない

大人として他人をフォローするためには？

大人になりますと、誰しも他人を守る、フォローする、といった感覚を持つ場面が出てくるかと思います。ただし、ここでいうフォローとは、これ見よがしに誰かを助けるということではありません。そうではなく、誰かのミスを、それをミスとさえわからないものとしてあげる。たとえて言うなら、かつてのなでしこジャパンが〝ミスは誰にでもあるもの〟としてフォローし合うチームづくりで関係を強固なものにしたような、大人としてのフォローを指しています。

また、誰かをフォローするためには、先のことを予測する力が必要です。これを、カバーリングといいます。たとえば、打ち合わせの現場で、プリントが一部足りなかったとしましょう。そんなとき、「私、念のため一部余計に持っています！」と言える人は、いわゆる〝予測力〟に富んだ人です。「バタバタと打ち合わせが始まったから、誰かが忘れるかもしれない……」と、あらかじめ予測して行動ができる人、ということですね。このような人は、まさに大人として他人をフォローした、ということになるでしょう。

人間ですから、誰もがミスをします。したがって、基本的には「10回に一度は必ずミスが起こる」とあらかじめ予測しておくことで、ミスを〝想定内〟にすることができます。

そうすることによって、**「いざという場合にはこのような段取りを組む」といった対処が用意できますから、周囲の人からは〝先を読める人〟という印象を持たれることでしょう。**

他人のミスには寛容であれ!

また、ここで忘れてはいけないことがあります。それは、**自分のミスはもちろん修正していかなければいけませんが、他人のミスに関しては、とにかく寛容でいるということ。**予想外の出来事にイラつくこともあるでしょうが、寛容でいるための練習を積むべきなのです。

私は、仕事上、誤字脱字の類いに非常に敏感です。自分の本で誤字脱字があってはいけませんから、敏感にならざるをえません。ところが、昨今のネットニュースを見ていますと、2日に1回のペースで誤字脱字を見かけます。心の「感覚」が「間隔」となっていたり、一発で「これは打ち間違いだ」とわかるような誤字です。

私はこういうものを見かけるたびに、「書いた本人は単に打ち間違えただけだろうけど、どうして他の人がきちんとチェックをしないのか」と、思わず我がことのようにイライラしてしまうのですが、そのたびに「いけない、他人のミスには寛容であらねば」と思い直しています(笑)。

必ずミスに気づくテクニック

多くの場合、文章を書いた人間が一番気をつけているもので、他の人はさほど熱心に文章に目を通さないことが多いものです。なぜなら、記名記事の場合であれば、誤字脱字があればその人本人の責任ということになるからです。

私の場合も、齋藤孝として本を出版する以上、仮に誤字脱字がありますと自分の責任ということになりますから、真剣にゲラ刷りを校正するわけです。そんなことをくり返しているうちに、次第に校閲者としての能力が高まりまして、今では編集者に

「先生、よくそのミスに気づかれましたね！」と褒められるほどです（笑）。

ポイントは、「絶対に間違いがあるはずだ！」という思い込みの中で校正作業を行うことです。不思議なもので、「だいたい大丈夫だろう」などと思ってゲラ刷りを読んでいますと、ミスが見つかることはありません。これは、みなさんに「とにかく疑いの目を持て！」と申し上げているわけではなく、「基本的にミスはあるものだ」と思っていてほしいということです。

〝予測力〟を高めて、他人をフォローする

あるいは、何か物を失くした場合にも、この理論を応用することができます。以前、同僚がごちゃごちゃとした大学の部屋で鍵を失くしたことがありました。探しても一向に見つかりません。「このあたりで落としたはずなんだけどなあ」と嘆いている彼と一緒に私も鍵を探してみますと、ふと、目の先に鍵が見えました。そこで、私が「あった！」と言いましたら、場所を教える前にもかかわらず、同僚もその鍵を見つけることができたのです。

これはどういうことかと申しますと、「このあたりで落としたはずなんだけどなあ」という〝何となく〟の感覚で鍵を探す場合と、「あった！」と〝確実に〟そこに鍵があることを前提に探す場合とでは、誤字脱字と同じく、対象物が見つかる確率が格段に上がるということなのです。

ですから、みなさんも失くし物をした際には、「絶対にここにある！」という確信を持って探してみてください（笑）。

〝予測力〟を高め、かつ、「ミスは起こるものだ」と頭に入れておくことで、大人としてのフォローがグッとしやすくなることでしょう。

まだ大人になりきれていなかったあの頃の私② DATE

上手くいかないのは、誰のせい!?

今の時代、自己肯定力が高いのは、基本的によいこととされていますね。ところが、かつての私のように自己肯定力が高すぎますと、「上手くいかないのは周りのせいだ！」という“言い訳”思考に陥ってしまうことがありました。たとえば、試験が上手くいかなければ「問題が悪い」、無職のような状態が10年ほど続いても「何か問題でも？」といった具合です。

ただし、本書を読んでいる良質な考えと理性をお持ちのみなさんにおかれましては（笑）、心の中ではしっかりと「やらかしてしまったな……」と思いつつも、「いや、あの状況では仕方がなかった」と捉えるような、“かすかな”責任逃れも必要かと思われます。ひとりで抱え込まず、溜め込まず、ストレスを流していきましょう。

人間は「すべて自分が悪い」というストレスには耐えられない生き物です。したがって、「これも天の配剤」「これも、何かしらの巡り合わせ」などと、たまには天のせいにして（笑）、自らの心を整えていくことも、ときには必要かと思います。

3章

「これまで」を振り返る

一流の人ほど「初心にかえる」ことを大切にします。世阿弥の言葉「初心忘るべからず」に“下手だった頃の自分を忘れない”という意味合いがあるように、「自分はまだまだ」と襟を正し、フレッシュな感覚を忘れないこと。自分の「これまで」は、人生における大きなエネルギー源です。

DATE
井戸を掘った人を
忘れない

この世は、先人たちがつくり上げたもの

普段、私たちが何気なく使っているもの。それらは、必ず誰かが、過去に井戸を掘った苦労の上に成り立っているはずです。そのことを、忘れてはいけません。

たとえば、言葉がそうですね。現在、中国の正式名称を中華人民共和国といいますが、「中華」以外の「人民」も「共和国」も、実は和製漢語です。明治時代に西周《にしあまね》や福沢諭吉が懸命につくった言葉を、私たちは何気なく使って思考しているわけです。言葉がなければ思考はできません。つまり、考えるということすら、井戸を掘った人がいるということです。

みなさんは、『ターヘル・アナトミア』という書物をご存知でしょうか。18世紀にオランダ人の医師がドイツ語からオランダ語に訳した解剖書で、かの有名な『解体新書』の原本となったものです。この『ターヘル・アナトミア』を、江戸時代の蘭学医であった杉田玄白らが日本語に訳そうとしたとき、辞書もなくオランダ語がわからないため、鼻という言葉を訳すのにも大変な苦労があったというのは、有名な話です。

それにしても、『ターヘル・アナトミア』や『解体新書』より前には、レオナル

ド・ダ・ヴィンチが人体の解剖図を残していますし、誰かがどこかで、必ず何かを〝スタート〟させているわけです。そのことを実感するとき、我々は「ありがたいな」と思うと同時に、この世に生きている価値を見出すことができるはずです。**この世は私たちがつくったものではなく、先人たちが血の滲むような思いでつくり上げたものなのですから。**先人とまではいかなくとも、今の自分があるのは引き立ててもらった上司や先輩の存在があるからこそということを忘れないようにしましょう。

多くの犠牲の上に成り立つ世界に感謝を！

私は小学生の頃から、伝記を読むことが好きでした。伝記というのは、ずばり、様々な井戸を掘った人たちの話。私は今、大人にこそ伝記を読んでほしいと思います。たとえば、今でこそ〝東洋のシンドラー〟として名高い杉原《すぎはら》千畝《ちうね》さんも、少し前はほとんど知られていませんでした。そんなときに「こんな立派な人がいたのか！」と自ら〝マイ偉人〟を発掘すると、忘れることができないものです。そして、何かを初めて成し遂げた人を肯定するということは、この世界を肯定することに繋がります。

たとえば、フグは値段も格別に高いですが、味も格別においしいですね。ところが、我々が安心してフグを食べるようになるまでには、初めてフグを食べた人、さらにはフグを食べて死んだ人がいるにもかかわらず、やはりフグを食べた人、がいたわけです。多くの犠牲の上に成り立つフグ刺しを、我々は今、安全に頂戴しているのです。坂口安吾《さかぐちあんご》の短編に「ラムネ氏のこと」というものがあります。非常に短い作品なので、ぜひ読んでいただきたいのですが、ここにも初めてフグを食べた人に関する言及があります。そして、このような一文が続きます。「全くもつて我々の周囲にあるものは、大概、天然自然のまゝにあるものではないのだ。誰かしら、今ある如く置いた人、発明した人があつたのである」と。まったく、その通りですね。

私がおすすめするのは、一年に一度、フグを食べながら、先人の苦労を偲ぶ日をつくる、というものです。フグがお高いようでしたら、白子やナマコでもいいかもしれません。白子も、最初に食べた人は、勇気を必要としたはずですから（笑）。

とにかく、この世は私たちがつくったものではなく、先人たちが血の滲むような思いでつくり上げたものであることを思い、感謝し、井戸を掘った人を忘れないようにしましょう。

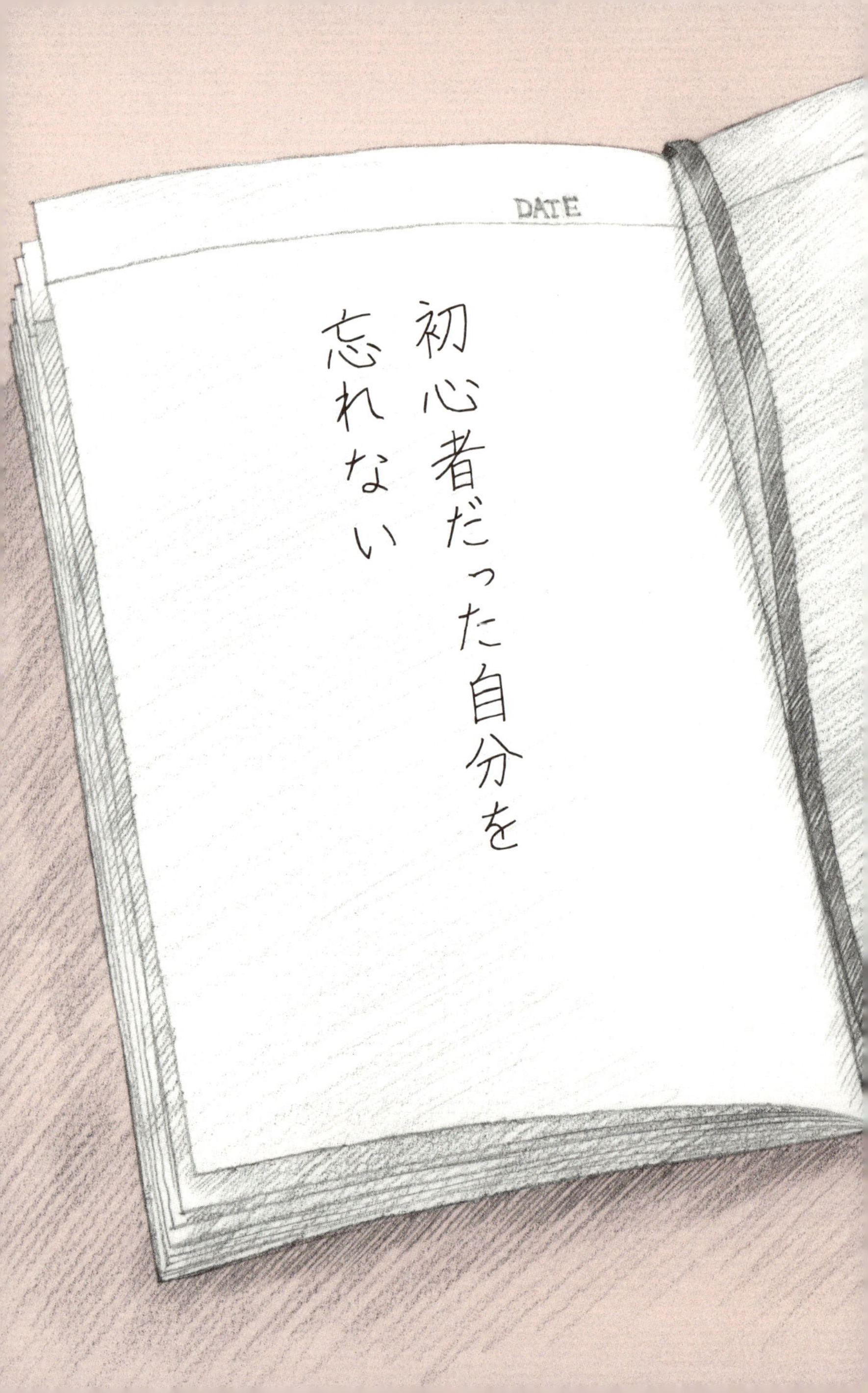
DATE
初心者だった自分を
忘れない

「初心にかえる」と、よいことがある？

世阿弥《ぜあみ》の言葉に「初心忘るべからず」というものがあります。初心とは、初々しい心とも読めますが、世阿弥は〝下手だった頃の自分を忘れない〟という意味合いで、この初心という言葉を使っています。

「初心忘るべからず」というのは大変よい言葉ですし、これを標語にしていると、初々しかった頃の自分、あるいは下手だった頃の自分を常に思い返して「自分はまだまだだ！」と考え直すことができます。つまり、「初心にかえる」ことができるわけです。

ちなみに、日本人は「初心忘るべからず」「初心にかえる」「初志貫徹」などの言葉を好んで用います。なぜなら、物事の最初というのはとにかく素直ですから、新しいことにワクワクしつつ、集中力があるという、大変よい状態なわけです。

また、ビギナーズラックという言葉があるように、素直で集中力がある状態というのは、幸運を呼びこむことが多いのです。この、素直な気持ちで取り組むというのが大事です。

「津軽海峡・冬景色」に感動する理由

また、初心者だった自分を忘れないということは、「ああ、新入社員だった頃は、大きな声で挨拶をしていたなあ。それが今じゃ『どーもー』だ」などと、悪い意味で慣れてしまっていることにも気づくことができます。

ところが、一流の人というのは、いつまでたっても「初心者の頃のように」物事に当たることができるのです。たとえば恋愛ですと、付き合いだしたばかりの頃は、ドキドキとした緊張感を持って過ごすことができますね。この、フレッシュな感覚を持続することができるのが、一流の人間です。

たとえば演歌歌手の石川さゆりさんは、「津軽海峡・冬景色」「天城越え」という名曲を、何百回、何千回と歌われています。しかし、いつ拝聴しても、まるで「初めて」歌われているかのような新鮮さを感じるものですから、聴いている私も、何回でも、新鮮な感動を味わうことができるのです。これぞ、プロの技です。

このことは、歌手の井上陽水さんも、ボブ・ディランのコンサートに行った際のエピソードとして「何十年も前の歌を、心を込めて歌うプロフェッショナルな姿に感動した」と話しておられます。かくいう井上陽水さんご自身も、ご自身の何十年も前の曲を、まるでごく最近作った曲のような新鮮さを持って歌われています。

あるいは、教師というものも、たとえば同じ日の午前中に、各クラスで同じ内容の授業を受け持つことがあるわけです。しかし、たとえば連続して3回目に話す寛政の改革や天保の改革について（笑）、今初めて気づいたかのように熱く、感動を持って話してこそ、本当のプロフェッショナルといえるでしょう。

「プロとは何か」と問われたら？

これらのことから、初心に立ちかえるということの大切さが、おわかりいただけたのではないでしょうか。しかも、**本当に初心者だったときと違い、多くの知識と経験を重ねた上で初心に立ちかえることができたなら、これぞ最強といえるかもしれません。**なぜなら、本当の初心者であれば、経験の浅さから、すぐに限界が見えてしまいます。しかし、知識と経験、そして技術を持ってなお初心の素直さやワクワク感を反芻《はんすう》することができたなら、確実に最高のパフォーマンスを生み出すことができるからです。

もし、「プロとは何か」と問われたら、私は「いつもフレッシュでいられる人」と答えるでしょう。「一期一会」という言葉もありますが、常に目の前のことに対して「一生に一度」という覚悟で臨む。

私は20代の頃、ほとんど仕事の依頼がなく、いわゆる不遇の時代を経験しました。言いたいことや書きたいことは山ほどあっても、依頼がなければ発表できず、非常に苦しい思いをしました。ですから、私はその時代を思い返すたび、「これだけ出版の話をいただけているのは、何とありがたいことだ。やれ仕事が多いだのと断るのは失礼。お話があれば、全力で取り組ませてもらおう！」という覚悟を強くするわけです。そう思って仕事に取り組むうちに、６００冊を超える本を出版させていただくまでになりました。

不遇の時代を過ごす人へのメッセージ

つまり、人はちょっとした不遇時代、うまくいかなかったときの経験、あるいは女性にモテなかった禁欲の時代などを持っている方が、情熱を保ち続けることができるのです。それが、いつしか人生における大きなエネルギー源となって、あるとき爆発するかのように素晴らしいパフォーマンスをすることができるかもしれません。

たとえば、超有名漫画家ユニットである、藤子不二雄先生のお2人は、故郷の富山にいらした頃には、滅多に漫画本が手に入らなかったそうで、新しい漫画が送られてくると、すべて覚えてしまうほど貪るように読み、「もっと漫画本が読みたい！」「漫画が描きたい！」というお気持ちを募らせていったそうです。

その時代に育んだ、ある種の禁欲のエネルギーが、その後、トキワ荘で爆発するわけです。つまり、お2人の富山時代がなければ、我々は『ドラえもん』に出会えなかったかもしれません。ですから、ある程度何かが「足りない」状態にあることが、その人にとっては非常に大切なキーポイントになることがあるわけです。

今、何かが「足りない」状況にある人は、決して嘆かず、その悔しい思いが必ず人生のエネルギー源になるときが来るのだということを、心に留めておきましょう。

DATE
ときには童心に帰って、
思いっきり遊ぶことを
忘れない

子どものゴールデンエイジ・小学3年生

私は、人間がもっとも素直でいい時期は、小学3年生の頃だと決めつけています。小学3年生というのは、わかりやすく申し上げますと、『ちびまる子ちゃん』の世界です。つまり、小学1年生では幼すぎますし、小学5年生では分別がつきすぎてしまう。一方で、分別はついていないけれど、とにかくエネルギーがあって話は通じる。ただし、まだ少し幼くて無駄な動きも多く、いろいろなことに夢中になりやすい……。それが、小学3年生です。

つまり、いわゆる「子どもっぽさ」の炸裂する時期が、小学3年生の前後だということです。いわば、子どものゴールデンエイジといってもいいかもしれません。これが小学1年、あるいは4、5歳のことになりますと、振り返っても、なかなか思い出せることが少ないかもしれません。しかし、小学3年生前後ともなれば、みなさんも記憶している出来事が多いのではないでしょうか？

小学3年生の〝感覚〟を忘れない

私はこれまで、何百人という小学3年生を教えてきましたが、彼らはとても〝教えやすい〟世代でもあります。「さあ、3色ボールペンを手に取ろう。僕が言った言葉を丸で囲んで、できた人から手を挙げて！」そう言うと、みんな素直に「はい！」と手を挙げる。授業を重ねるたびに、作業のスピードもぐんぐん上がっていきます。また、彼らは『罪と罰』や『ハムレット』でさえ、それなりに読みこなし、理解することもできる。いわゆる「伸び盛り」です。

この、勉学においても吸収が早く、かつ、無駄なことをする子どもっぽさも残した小学3年生の〝感覚〟を、私たちは忘れないようにしましょう。もし、かつて小学3年生だった中高年を数十人集めたとして、小学3年生の頃と同じ〝伸び率〟を一年間で再現できる人はひとりもいないはずです。しかも、たいがいの中高年は不機嫌で、あの頃の「はい！」と手を挙げていた素直さや明るさもないでしょう（笑）。

もちろん、「私は小学3年生のときよりも知識はあるし、技術もある。何より人間として成熟している」と思う人もいるかもしれません。しかし、それは単に高い山に登ったということであって、あくまで〝伸び率〟〝変化率〟として見た場合、小学3年生の一年間に勝ることはないはずです。それほどまでに、小学3年生の頃というのは物凄いパワーを秘めているわけです。

ニーチェの「三様の変化」とは？

あの哲学者のニーチェも、童心に帰ることの重要性を説いており、「ラクダ、獅子、幼子」の順番に時代が変化していくのがよい、と述べています。つまり、以下のようなことです。

ラクダの時代とは、義務という重荷を背負っているものの象徴であり、つまり、学校や課題など「やれと言われたことをやる」、したがう時代を指しています。ついで獅子は、「やれ」と言われても「NO」と言うだけの自我を持っている状態を指します。要するに、それだけの自立心を持つのが獅子の時代。そして、最後に来るのが、すべてを全肯定する遊びの時代、つまり幼子の時代です。

遊びというのはクリエイティブで、極めて意欲的な行為です。ただし、本当の幼子が遊ぶのとは話が違います。つまり、**あらゆるものにしたがって義務を負い（ラクダ）、次いでそれを突っぱねるだけの自我を持ち（獅子）、自立した上で幼子になる、という順番が大切なのだと、提言したわけです。**

これを、ニーチェは『ツァラトゥストラ』の中で「三様の変化」として述べています。

「すぐに影響されてみる」「あれこれ考えずにやってみる」

日本でいうと、江戸時代の僧侶・良寛《りょうかん》さんのようなものですね。良寛さんは、子どもたちとかくれんぼをして遊び、子どもたちが帰ったあとも、ひとりで木の葉に埋もれて寝ていたという逸話があります。良寛さんは、鞠《まり》つきに人生を見出す句も遺していますが、とにかく「子どものように素直な心で、明るく遊ぶ」を体現した人だといえるでしょう。ですから、私たちも、良寛さんのように「子どものように素直な心で、明るく遊ぶ」気持ちで過ごすと、常に気分も晴れやかになります。

私が小学3年生の頃にはプロレスが流行していましたが、テレビで見たプロレスの技を真似してみるわけです。両親には「孝はすぐに影響を受けるからねえ」などと笑われていましたが、この「すぐに影響されてみる」「あれこれ考えずにやってみる」というような〝素直さ〟こそがこの当時特有のものなのです。

今すぐ小学3年生の頃の〝めちゃくちゃさ〟を思い出してみましょう。そして、**童心に帰って世界を見渡し、「すぐに影響されてみる」「あれこれ考えずにやってみる」を、実践してみてください。**

もちろん、みなさん社会的なマナーは身につけていらっしゃることでしょうから、ニーチェの「三様の変化」でいいますと、「ラクダ」と「獅子」を経ての「幼子」となるわけです。したがって、本当に〝めちゃくちゃ〟にはなりませんので、どうぞ、ご安心ください（笑）。

DATE
両親、育ててくれた人への感謝を忘れない

「してもらったこと」を思い返してみる

前にお話しした桑田真澄さんのエピソード（P16参照）からもおわかりになるかと思いますが、両親というものに対して、「お母ちゃんは、貧しい中でも、自分に貧しさを感じさせないようにしてくれたんだなあ」というような感謝の気持ちがありますと、その人にとって、一生にわたるパワーの源となることがあります。

人というものは、親に「してもらったこと」を、ついつい忘れてしまう生き物です。ところが、たとえば心理療法の一つである内観療法において、親に「してもらったこと」、そして自分が「してあげたこと」を思い返してみますと、ほとんど100対0に近い割合で、親に「してもらったこと」の方が多い。つまり、大人になるにつれて、単純に忘れてしまっているだけなのです。

したがって、ひとたび思い返してみると、「ああ、働きながらも毎日弁当を欠かさずつくってくれたなあ」「忙しいのに、動物園に連れて行ってくれたなあ」と、何かしらのことを思い返すことができるはずです。また、思い返すうちに、不思議と心が軽やかになっていくことでしょう。

「ありがとう」の呪縛を解く方法

よく、「すべての人へ、ありがとうの気持ちを忘れないようにしよう」「毎日ありがとうと唱えてみよう」などと提言する人がいらっしゃいます。もちろん悪いことではありませんが、それではどうしても「ありがとう」を強制されているような感覚が拭えません。したがって、**私は無理やりに「ありがとう」を実践するのではなく、過去のことを思い返すことで、あくまで自然と湧き上がってくる気持ちを、大切にした方がいいと思っています。**

したがって、「親に感謝しなくてはいけない」ではなく、過去にしてもらったことを「ああ、あんなこともしてくれたっけなあ」と、ぼんやりと思い返すことをおすすめしたいのです。

実際に育児の体験のある方はご存知かと思いますが、子育てというのは本当に何が起こるかわからず、大変なものです。

私の父親には10人の兄弟がおりますが、つまり、明治生まれの祖母は10人もの子どもを育て上げたということで、それを思うたび「いったいどうしてそれだけのことが成し遂げられたのか！」と感じ入ります。そこには、もちろん時代背景もあるでしょう。しかし、おそらくは「自分がしてもらったことを他人にしてあげる」という考えが、心の根底にあるのではないでしょうか。

次の世代に「受け渡していく」という感覚

かつて、スウェーデンにおいて、男子テニス界に、ビョルン・ボルグ、マッツ・ビランデルといった素晴らしい名選手が、相次いで現れた時期がありました。なぜだろうと思い調べてみたところ、どうも〝これまで自分がテニスを教わっていた人が、無料でテニスを教える〟といった習慣があったようなのです。つまり、明治生まれの私の祖母ではありませんが、「自分がしてもらったことを、次の世代にもしてあげる」という思想があったわけですね。

このように、**循環していく、受け渡していく、という感覚は非常に大切です。**「自分が困っているときにあの人に助けてもらったなあ。今度は自分が助ける番だ」という感覚でしょうか。このように〝他人のために〟という気持ちがあると、不思議とかってないような力が湧き上がってくるものです。

あるいは、私の名前には親孝行という3文字のうちの一文字が入っているものですから、嫌でも親孝行を考える機会があります。このように、子どもの名前に「親への感謝を忘れない」漢字を使うのも、一つの手かもしれませんね(笑)。

DATE
不思議に思うことを
忘れない

驚きこそが、知の探求の始まりである

何かを見聞きしたときに、瞬間的に〝軽く驚く〟ことの大切さ。

たとえば大学の授業で学生が発表をしているとき、私は「はっ！　それは新しい観点かも！」「えっ！　それを言った学生は君が初めてだ！」などと、軽く驚き続けています。もちろん、学生の邪魔をしない程度にですが、できれば小さく「はっ！」「えっ！」などと声を出して相槌を挟むことで、淡々とした時間の中にも新鮮さが蘇り、みんなが発表に集中することができるようになります。

ソクラテスは、驚きこそが、知の探求の始まりであると言いました。プラトンの著書である『テアイテトス』の中にソクラテスが出てきますが、彼は話をしている若者に向かって、「そう、その驚きこそが知（哲学）の探求の始まりなんだよ」と声をかけます。要するに、フィロソフィア、つまり知（ソフィア）を愛する（フィロス）ことの始まりが、そこにあるというわけです。

したがって、「はっ！　何で今までこんなことに気がつかなかったんだろう」という驚きこそが重要であると、ソクラテスは説いているのです。たとえば、「X軸にY

軸、Z軸か。へえ、すごい！　これだとすべての点が座標軸で表せるじゃないか！

こんなこと、よく思いついたな！」といった具合です。先日、数学者の秋山仁《じん》先生にお会いした際、「あれをデカルト座標というのはなぜでしょう」と質問してみました。

このように、すでに知っていることでも、「考えてみると、不思議だなあ」と、あらためて学び直す姿勢を取るのです。たとえば「この絵画は、どうしてこんなに多くの人を惹きつけるのだろう」と〝不思議に思う〟ことから学びが始まるのです。

「質問力」のすすめ

あるいは、「問いをたてる」ということもあります。私は学生時代から、授業などのメモを取る際、相手の話を聞きながら思い浮かんだ、質問などの〝問い〟をメモするのが習わしでした。たとえば「Q1、なぜ、そのようなことが起きるのか？」「Q2、そのようなことが起きる頻度はどれくらいか？」といった具合です。ですから、終盤に「何か、質問のある人は？」と聞かれたとき、即座に手を挙げるのは私です（笑）。

私はこれに「質問力」と名付けて本を書きましたが、相手の話を聞きつつ質問を考え、それらの問いをメモしていくことで、不思議と頭がはっきりしてくるのです。

たとえば、講演会で聞き手があなたひとりだった場合、自然と質問を投げかけてみたくなりませんか？　なぜなら、それは相手の話を真剣に聞いているがゆえ、です。アクティブリスニングといいますが、積極的に話を聞く姿勢を取ることです。

私は仕事上、海外の学会に出席することがありますが、海外で発表すると、その質問の多さに驚くことがあります。日本では、「誰か質問のある人！」と聞かれても場がシーンと静まり返ることも少なくありませんが、海外、特にヨーロッパなどでは、質問をすること自体がある種の礼儀だと捉えられているようです。たしかに、気の利いた質問をすることで、相手の印象もよくなりますし、会話も弾みますね。

その際、**ポイントとなるのは〝その人に聞くべきことを聞く〟ということです。**

たとえばタクシーに乗った場合。運転手さんに「今朝は何を食べましたか？」では意味がありません。タクシーの中であれば「この道の混み具合はどうですか？」「最近のタクシー業界はどうです？」などと聞けば、移動の間も学びの場に変わります。

その場、その人に見合った質問を用意して、どんな場でも学びの場にしてしまいましょう。

DATE
「わからないことは
聞く」ことを忘れない

「之を知るを知ると為し。知らざるを知らざると為す」

私の知人に『古事記』を知り尽くしている、まさに専門の先生がいらっしゃいます。ところが以前、その先生が『古事記』についての質問を受けて、「それは思い当たりません。申し訳ありません」と返答する場面に遭遇したことがあります。もちろん、彼は誰もが認める『古事記』の専門家であり、その内容を知り尽くしている人物です。この場合、どちらかといえば質問の方が、少々的外れのような印象がありました。

しかし、彼は質問に対して「それは知識を持ち合わせていません。申し訳ありません」と言うわけです。私はこのとき、**本当の専門家というものは、自分のわかっていることとわからないことの区別がきちんとつく人のことをいうのだなあと、しみじみ感じ入りました。**専門家ほど、謙虚な態度を取るものです。

『論語』に、「之を知るを知ると為し。知らざるを知らざると為す。是《これ》、知るなり」という言葉があります。つまり、「知っていることは知っていると言い、知らないことは知らないと言う。これが〝知っている〟ということなのだ」というわけです。さすが、孔子ですね、２５００年も前から、頭が冴えています。

つまり、言い換えれば「何がわからない」かわかっている、ということです。ですから、授業や会議などで「わからないことがある人！」と声をかけても、「大丈夫です」と言う人ほど危険ということかもしれません。

「わからない」ことを、明確にする理由

先日、とある予備校のキャッチコピーで、「『わからなくなったのはここからね』と初めて言われた」というものがあり、これは秀逸なコピーだと思いました。つまり、生徒本人は自分が〝どこからわからなくなったか〟すら、理解できていない。しかし、その予備校には「あなたがわからなくなったのは、ここからね」ときちんと指摘できる能力のある指導者がいますよ、ということをいっているのです。

ただ教えるだけなら、誰にでもできるでしょう。しかし、その人がわからなくなった時点を見極めることが大切で、「どこまでわかっていて、どこからわかっていないのか」ということを見極めることから、教師の仕事が始まるのです。

ですから、本人としても「どこがわからない」かを明確にすること。もちろん、先

生が話したばかりのことを聞いてはいけません。なぜなら、それは単なる聞き逃しだからです。そうではなく、的確に「わからない」ことを見極め、質問する必要があります。また、その質問ができるということは、相手の話をきちんと把握しているということを意味しています。

質問する際は、わからないことを、〝ピンポイント〟かつ〝具体的〟に聞くことです。質問の内容によっては、相手にも「おお、よくぞそこを聞いてくれた！」と、話を理解していることがわかってもらえることでしょう。

たとえば、科学とは「どこまでわかっていて、どこからわかっていない」かを追求する学問です。学問ですから、「何となく、ここでいいんじゃない？」ということはありません。つまり、「ここまではわかっている」を積み重ねていくことこそが、学問なのです。

みなさんもご存知の通り、「聞くは一時の恥、聞かぬは一生の恥」といいます。わからないことはわからないと、言える大人になりましょう。

DATE
人を傷つけたことを
忘れない

言葉こそが、最大の凶器である

たいていの人は、「傷つけられた」ことはよく覚えていますが、「傷つけた」ことはすぐに忘れてしまうものです。なぜなら、「傷つける」ことは自己防衛のために〝本能的〟にやってしまうことだからです。

犯罪を犯した加害者ですら、自分があたかも被害者のように語るケースが多く見られます。つまり、自分が被害者のように感じていることでも、実は加害者であるという可能性を否定することはできません。

度が過ぎると滅入ってしまうので、その加減も注意が必要ですが、「あのときは自分が悪かったかもしれないなあ」「ちょっと言いすぎたかもしれない」といった具合に、冷静な判断の上に、過去のことを思い返すことができるようになりましょう。

私は、40年前の出来事すら思い返すことがあります。「なぜ、あんなこと言ってしまったんだろう」「我ながら、面倒くさいやつだったなあ」などと、今になってようやく冷静に思えるようになりました。もちろん、「40年も経って気づいたのか？」というツッコミは、甘んじて受け入れる所存です（笑）。

あるいは、家族や親友など、近しい人に思わず言ってしまうひと言にも配慮しましょう。もちろん、両親に暴力を振るうような子どももいないわけではありませんが、過去に比べると断然減ってきていますね。したがって、**今の時代では、言葉こそが最大の凶器となりうるということです。**

『論語』に「過ぎたるは猶及ばざるが如し」という言葉がありますが、やはり〝言いすぎ〟には注意を払いたいものです。「ひと言言いすぎた！」というのは、ひと言足りないよりもずっと悪質で、取り返しがつかないケースも多くあります。

すべては〝言い方〟次第と心得よ！

対処法の一つとして、言葉を制限していくというものがあります。政治家などの発言を思い返していただくとわかりやすいかもしれませんが、失言を避けるためには、ゆっくりと言葉を選び、多少、少なめにしゃべった方がいい場面があるわけです。

身近な例ですと、結婚式などのおめでたい席にもかかわらず、新郎の友人が新郎の過去について余計なことをしゃべる、という場面に遭遇したことはありませんか？

しゃべっている方は悦に入っていても、場内は静まり返ります。新郎側の親族はもちろんのこと、新婦側の親族に至っては、顔面蒼白になってしまうこともあります。

このように、他人を傷つける一番の凶器は、やはり言葉です。そして、他人だけでなく、自分自身を傷つけるのも、同じく言葉なのです。**もし、言葉のセレクトに迷ったときは、必ず一呼吸置くようにしましょう。**「ものは言いよう」ですから、すべては〝言い方〟次第です。つまり、「あのとき、あんな言い方でなく、もっとこういう風に言っておけばなあ」という場面をなるべく避けるためにも、他人を傷つけない、そして自分自身も傷つけない言葉を選ぶようにしましょう。

「後の祭り」という言葉もありますが、ある政治家が「排除いたします」という強い印象の言葉を使ったために、世間の風向きがいきなり変わってしまったという出来事がありました。そうではなく、「理念や具体的な政策に照らし合わせて、個別に対応したいと思います」という柔らかな言葉を使っておけばよかったのではないでしょうか。もちろん、「排除いたします」という言葉は、キレもよく、言い切ったことで一見しっかりとした方向性を見定めるものであるような印象も受けます。しかし、結果として、〝言いすぎ〟だったというわけですね。これは、政治家に限らず、みなさんの人間関係の中でも同じようなことがいえると思います。

他人を傷つけない言葉を身につける方法

私自身も、以前は言葉のセレクトが鋭すぎる傾向にありました。相手を傷つけるような、刃のような言葉づかいが多かったと、今でも反省しています。しかし、ようやく、その刃のような言葉を鞘におさめることができるようになってきました。一つには、テレビに出演させていただくようになったことが大きかったと思います。

なぜなら、テレビの世界では「本当だから言っていい」というわけにはいきません。その言葉を使うことによって、あるいは本当のことを言うことによって、多くの人が傷ついてしまう危険性があるからです。つまり、「これを言ったら誰かが傷つく」ということを忘れてはいけないのです。

ですから、本当のことや、自分の鋭い言葉は鞘におさめた上で、しかも、誰も傷つく人が出ないように、自分の意見を発言するわけです。もちろん、自分が思っていないことや嘘だと思うことを発言することはできません。しかし、「ものは言いよう」

ですから、誰も傷つかない言葉を選べばよいのです。

よく、毒舌を売りにするような方もいらっしゃいますが、今やSNSもありますし、毒舌ばかりでは、どこかで反感を買ってしまいます。ところが同じ毒舌でも、たとえばマツコ・デラックスさんの毒舌は、ひと味違います。ハッキリとものを言っているにもかかわらず、人を傷つけるようなことは決しておっしゃいません。もちろん、芸人さんをちょっとからかうような物言いをするような場面はありますが、その場合も、必ず芸人さんが〝おいしくなる〟ことを言うのです。

このように、テレビの第一線で活躍している方々のコメントを聞いていますと、「人を傷つけない」物言いの勉強になります。もちろん、無難なことしか言わない人は面白くありません。ですから、テレビというのは、ハッキリと自分の意見を言いながらも配慮をした物言いをするための、格好のテキストとなるわけです。

今の時代、相手が「傷ついた」と言えば、それはハラスメントです。つまり、自覚がなくとも相手を傷つけることがあれば、それが勢いをつけて自分自身に返ってくる時代だということです。言葉のセレクトには細心の注意を払い、自分の本心を「ものは言いよう」に言い換えられるだけの〝語彙力〟をつけておくようにしましょう。

DATE
人は、成功体験でしか
成長しないことを
忘れない

自己肯定感の低い人は、成功体験がない？

近頃、考え方がネガティブで、自己肯定力の低い人が急増しています。私から見てもさほど問題はなく、逆に能力が高いように思える人ですら、なぜか自己肯定力に乏しい傾向があるように感じます。

大学でも、こういうタイプの学生が目立つので、最近では「2人一組になって、ひたすら互いの自慢や成功体験を語り合う」という授業を行うようにしています。もちろん、普段の会話で、自分の自慢や成功体験ばかり話せば、人は興ざめしてしまうもの。ですから、あくまで授業の一環として、そうした取り組みを行うわけです。

その結果、自己肯定感の低い学生は、いったいどうなったと思いますか？「そういえば、こんなことがあった」「たまたま思い出したけれど、こんなことで褒められたことがある」という具合に、何と忘れていた成功体験を、次々に思い出していったのです。

そもそも、多くの人は何かを思い出そうとすると、悪いことばかり思い出すものです。私も講演会などが終わったあとは、「もっと違うアプローチもあったな」「あの言葉は、もっとこう言えばよかった」と、まさに反省の嵐です。ところが、先日デール・カーネギーの『話し方入門』を読んでいましたら、「いい講演というものは、必ず終わったあとに『もっとこう話せばよかった』『あそこはこうすべきだった』というように思うものなのだ」と書いてあったのです。つまり、「反省点があってもいいんだよ」ではなく、「反省点のない講演会というものは逆にダメ」というわけです。

それ以来、私は講演会が終わった直後に「あそこがダメだった」「もっとこう話せばよかった」などと反省しつつも、「……ということは、よい講演会だったんだ!」と思い直すようになりました。また、その講演会でどんな点が〝ウケたか〟〝上手くいったか〟についても、あえて他人に話すようにしています。なぜなら、そうすることによって、「自分は成功した」という意識が強くなるからです。失敗した点を反省するのではなく、成功した点を思い返すことによって、そのポジティブな勢いを保ったまま、次に進むことができるのです。

「勝っているときはスタイルを変えるな」

実は、このような考えに至ったのには理由があります。あるとき、講演会の依頼で「エネルギッシュな感じでやってください」という指示を受けました。実際、その通りに行ったつもりなのですが、なぜか、出来がよくありません。そこで、今度は「もう少しクールな感じでお願いします」という指示を受けます。指示通りクールに講演会をこなしたところ、逆に、前回よりも出来が悪くなってしまったのです。

つまり、過度に「直そう」という考えが働くと、逆に上手くいかないことが多いものです。もちろん、素直に訂正することも大切ですが、人にはそれぞれ〝持ち味〟というものがあります。私は講演会において、どちらかというとアクティブでエネルギッシュな印象を持たれることが多いのですが、この〝持ち味〟を消そうとすると、本来のよさがなくなってしまうわけですね。

私は中学生の頃、テニスの名選手であったビル・チルデンの『ベター・テニス』という本を読み、そこで「勝っているときはスタイルを変えるな」という教えに触れました。何十年も前の記憶ではありますが、〝勝っているときに調子に乗ってやり方を変えてしまうと、逆に失敗してしまう〟という内容だったと思います。中学生ながらも、「さすがチャンピオンの言うことは違うな」と感じたものです。

そう考えてみると、せっかく仕事で上手くいっているにもかかわらず、突然会社を辞めてしまう人などがいます。上手くいけばよいのですが、実は、二度と元のコンディションに戻れないというケースも多い。ですから、上手くいっているときには、そのスタイルを続けることが大切なのだと、今でも痛感しています。

自分の成功体験に気づき、エネルギーに変えるには？

また、中には「成功体験など、すぐに忘れろ」という方もいらっしゃいます。しかし、**人間にとって成功体験に基づく自信とは、何よりも大きなエネルギーとなるものです**。ですから、「ふむふむ。今回も上手くいったぞ」という、あくまでご機嫌な気持ちで次のプロセスに臨むことが肝心だと、私は考えています。

これは、アルコール依存症のケアに関わる人に聞いた話ですが、彼曰く、患者が「一日中酒を飲み続けている」と言うのだそうです。そこで、本当に文字通り「一日中」なのか、落ち着いて話を聞いてみたところ、「もちろん朝起きてすぐは飲まないけれど」と言う。そこで、彼は「この時間は飲まない。じゃあ、飲んでいるのはこの時間帯ですね」という具合に、「一日中酒を飲み続けている」わけではないことを示してあげるのだそうです。そして、その「飲んでいない時間」を、「お酒を飲まないでいられる時間」、つまり、成功体験であるというように、患者に認識させるのだといいます。

したがって、あくまで現段階において「できていること」「成功体験」を増やし、拡大させていけばいいわけです。ここでのポイントは、決してできないことをするわけではない、という点にあります。これはブリーフセラピーという、短期間で効果を生み出す心理療法の一つです。

自己肯定感の低い人というのは、本来はきちんと存在している自分の成功体験に気づかず、あるいは、それらを見ようとせず、せっかくの成功体験を自分の資源にできていない状態にある、というわけです。

みなさんは、自分の成功体験に気づけていますか？

DATE
すべては流れゆくものだ
ということを忘れない

「あげたことは忘れろ」という精神

文藝春秋という出版社をつくった作家の菊池寛《かん》は、「他人に金を貸すならくれてやれ。あげたことは忘れろ」という言葉を遺しています。

「こんなによくしてやったのに」「せっかくお金を貸してあげたのに」という気持ちは、実は非常に厄介なものです。なぜなら、**最初は親切や善意だったとしても、それが恨みに変化する可能性を秘めているからです。**たとえば、私もいろいろなところで申し上げていることですが、貸したお金が返ってくるとは、くれぐれも思わないこと。「返ってくるはずだ」と無駄に信じるからこそ揉め事が起き、ときには殺傷事件にまで発展してしまうわけです。まさに、「他人に金を貸すならくれてやれ。あげたことは忘れろ」です。

アララギ派の歌人としても活躍した、教育家の斎藤喜博《きはく》先生は、「教育とは儚《はかな》いものである」と言います。自分が心血を注いで教育を施したとしても、その生徒らが10年後に「先生、あのときはありがとうございました！」などと言ってくることは非常に稀です。つまり、教育者の熱意など、何とも儚いものなのです。しかし、その儚さの中にあっても、しっかりと教え、教えられて過ごした時間こそが肝心ですから、その後、特に礼がないからといって、「恩知らず」などと思う方がおかしいでしょう。これは、他人に期待しすぎると疲れる、ということでもあります。期待したのはこちらの勝手にもかかわらず、相手に対して「失望した！」などと言うのは、土台迷惑な話だということです。

大切なのは「他人に期待しない」こと

『絶対安全剃刀』などの名作を生み出した、漫画家の高野文子《ふみこ》さんの作品に『るきさん』というものがあります。主人公の女性るきさんは、「何にも期待しなーい。だから、何にもがっかりしなーい」というような朗らかさを持っています。『るきさん』は、特に大きな起承転結のあるような内容ではありませんが、大人だからこそ楽しめる心の奥に残る作品ですから、よろしかったら読んでみてください。

期待しすぎると、必ず怒りが発生します。ですから、期待しないということは、自己防衛策の一つでもあるわけです。たとえば、母親が自分の子どもに対して、「こんなに習い事をさせたのに、塾にも通わせているのに、なぜあなたは優秀じゃないの！」と怒ったところで、おそらくその母親は、仮に子どもがよい成績を残したとしても「もっと、もっと！」とイライラし続けることでしょう。「生きているだけで丸儲け」ではありませんが、「これくらいに育ってくれて、いい感じだな」と、子どもとはいえひとりの人間、他人ですから、過度に「期待しない」こと。

「上には上がいる」という言葉もありますが、上を見上げ続ければ、誰でも疲れてしまいますね。少しネガティブかもしれませんが、「下には下がいる」の方がよっぽどマシかもしれません（笑）。もちろん、向上心を持つことは大切です。しかし、そこに「もっと、もっと！」といった競争意識を持たず、できれば「もっと大変な人もいるんだから」というような感覚を、常に持つようにしましょう。

悲しみから〝回復〟する復元力とは？

私は、ヴィクトール・フランクルの『夜と霧』を、最低でも10年に一度は読み返します。なぜなら、アウシュヴィッツ収容所にいるユダヤ人の運命というものは、これ以上ないほどに過酷で、そういう悲惨な歴史に触れますと、自分の悩みがちっぽけなものに思えてくるからです。

たとえば、親が病気で亡くなれば、誰もがつらい思いをします。しかし、私は両親を亡くしたとき、ふと、小学4年で両親を亡くした友人のことを思い出し、「50歳を過ぎて親を亡くすなんてのは、彼の苦しみに比べたらちっぽけなものだ」と思うことができました。

あるいは、溺愛していた犬が亡くなったときも、この世から色という色が消え失せたかのような悲しみに陥りましたが、少し悲しみが和らいだ頃、2代目の犬を飼うことで、暗闇から脱出することができました。

このように、人間という生き物は、必ず痛みや悲しみから〝回復〟するようにできています。復元力ともいいますが、悲しみから〝回復〟した経験が多ければ多いほど、人間というものは強くなっていくものです。

今、心理学の世界でも、復元力の重要さが指摘されているところですが、自分自身の体験を振り返りつつ、復元していくプロセスを身体に染み込ませることがポイントです。「そういえば、あのときもどうにか回復したな」「時間が経つことで、心も変化していった」というように、自身の体験を振り返ってみてください。そうすることで、「時間が経つことで心が回復するなら、今回は時間の経過を早めてみよう」と旅行へ出かけたり、新しい趣味に没頭したりと、ちょっとした工夫をすることもできるかもしれません。それこそが、復元力がついた証拠です。

心や動きを、ひとところにとどめない生き方

とにかく、メンタルのエネルギー漏電を防ぐようにしましょう。**私は、エネルギーのある人とない人がいるのではなく、エネルギーの漏電をいかに食い止めるかという点がポイントなのではないか、と考えています。**行きすぎたネガティブ思考、あるいは、行きすぎたポジティブ思考なども、メンタルのエネルギー漏電に繋がることがあります。

ですから、あくまで自然に、心や動きをひとところにとどめない生き方をしましょう。武術の達人と呼ばれる人は、必ず流れるような動作をし、動きを止めることがありません。なぜなら、止まろうとすれば隙が生まれて、動きが硬くなってしまうから

です。

常に、川のように流れていく柔らかさで、心も常に「行雲流水《こううんりゅうすい》」です。「雲のように、川の流れのように、すべては流れゆくもの。自然に身を任せよう」というイメージが、あなたの心をほぐすことでしょう。

ぜひ、雲を見たらぼんやりその流れを目で追い、川に行けば水の流れをひたすら眺め、「ああ、すべては流れゆくのだ……」ということを認識すべく、実際にイメージトレーニングする習慣をつけてみましょう。

「はい、論破！」がもたらしたもの

20代までの私は、議論に勝つということが素晴らしいことだと思い込んでいました。論理的である、正論であるということは、正当な武器である……。そう考え、その武器を持ち、戦っていたのです。ぶつかり合う議論の中から新しいエネルギーが生まれる！　そう信じ続けていました。

その結果、私に何が起きたかというと……。見事に、ひとりずつ友人が減っていったのです。当時の私の標語は“完膚なきまでに叩きのめす”でしたから（笑）、仕方のないことかもしれません。

「これは危険である！」そう気づき、方針転換をした私でしたが、すぐには状況は変わりませんでした。正論を振りかざす人間は、相手との折り合いがつかないのです……。そこで、私は「相手の論理が破綻していようが、大抵のことは放っておく」ことにしました。すると、どうでしょう。みるみる人間関係が改善していったのです。

今では「はい、論破！」が“よくない”ことであると知られる時代になり、安堵しています（笑）。

4章

「これから」を想像する

これから、より大きな変化の時代がやってきます。どんな業界においても、新しい波に適応していく力が求められることでしょう。自分の領域を広げるために、常に“チャレンジャー”の立場でいること。いつまでも好奇心旺盛に、軽やかに「これから」を切り開いていきましょう。

DATE
人を育てていくことを
忘れない

なぜ、後輩を「たいしたことない」と思うのか？

若い人の可能性を見出し、その未知の力を受け止めていくことは、大人にとってとても喜ばしいことです。

みなさんも、後輩や若手の社員に対して「どうせ、たいしたことない」という感覚を持たれたことがおありでしょう。しかし、その気持ちの裏に、〝下の者に先を越されたくない〟〝手柄を取られたくない〟といった嫉妬心や競争心が見え隠れしているということを、はたしてどれだけの方がお気づきでいらっしゃるでしょうか？

「この後輩をこれ以上伸ばしてやると、自分が追い越されてしまうかもしれない」というつまらない気持ちが、若い人の可能性を摘むようではいけません。

『論語』には「後生畏るべし《こうせいおそ》」という言葉がありますが、「後生」とはこれから生まれ出る若い人を指しており、「若い人には優れた能力を持つ人がいるから、それらの人に対しては畏敬《いけい》の念を持つべきである」といった意味合いを持つ言葉です。

もちろん、若い人すべてが優れているというわけではありませんが、少なくとも、若い人を低く見積もることなく、「おお、すごいね」といった具合に、何事も褒めて伸ばすような声がけを心がけてください。そうすることで、本人も前向きになりますし、場の雰囲気も、パッと明るくなることでしょう。

私も、学生の発表の場で、音楽や映像を使った作品を見る機会があるのですが、さすが今どきの若者と申しますか、あらゆるアプリやソフトを使いこなした、素晴らしい作品に出会います。そんなとき、私は「へえ、すごいね！」「このままCMで流せそうだよ！」と絶賛するのですが、回数を重ねるごとに、その内容のクオリティが不思議とグングン上がっていくものです。

したがって、**若い人に対しては常におおらかな気持ちでいること。**思わず競争心や嫉妬心を露呈させてしまいますと、部下や後輩は根絶やし状態になってしまいますし、仮にそのような事態が起きますと、あなた自身が上司や先輩としての能力に欠けていたという評価を受けることになってしまいます。

人を育てるためのメソッド

刑事ドラマなどをご覧になっている方はご存知かと思いますが、いわゆるバディ

（相棒）という制度があります。これは、先輩と後輩が2人一組となって動くことで、若い者がベテランの知恵や経験から学ぶというものです。実際に、このバディ制度を取り入れている企業もありますが、私自身、ゼミなどの授業で「2人一組で取り組むように」という課題を出したことがあります。そうしますと、それぞれの2人組に、次第に、まるで漫才コンビのような一体感が出てくるのです。おかげで、ゼミ全体の雰囲気も温まり、とてもいい結果を残すことができました。

　したがって、企業などにおいても、2人組、あるいは3人組で何かに取り組ませるといったことは、非常に有意義なやり方の一つかもしれません。その場合、2人で動いても3人で動いても、結果として評価は平等に与えられるということを前提として、互いにフォローし合えば、ひとりで動く以上の力や結果が残せることは明白でしょう。

　これらのバディ制度においても、ひとりの人間としても、ぜひ、「あの人の下につくと、不思議と出世するんだよなあ」と思われるような、立派な先達になってくださいね。

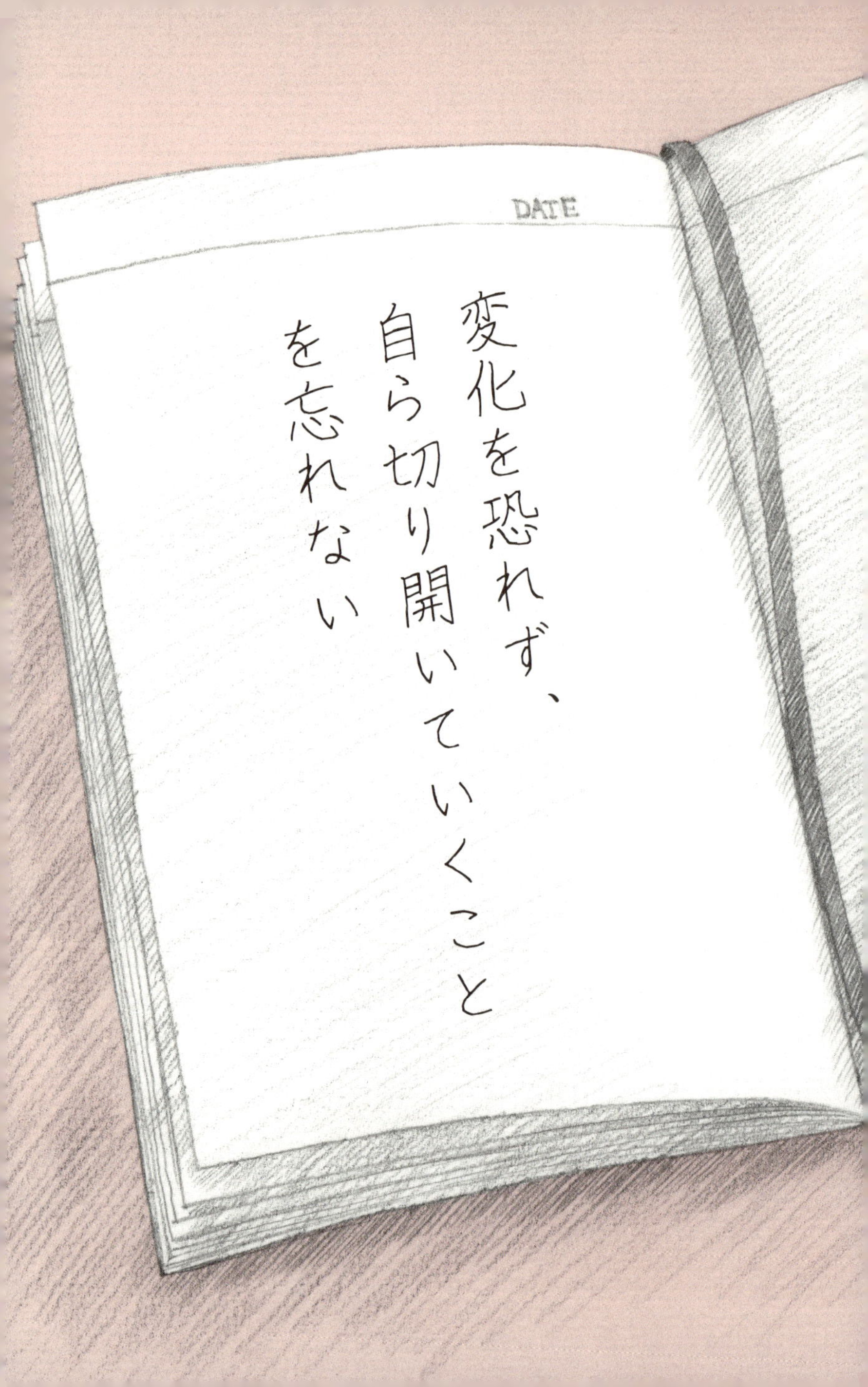
DATE
変化を恐れず、
自ら切り開いていくこと
を忘れない

〝チャレンジ〟のハードルは高くない！

これからは、より大きな変化の時代がやってきます。したがって、その変化の波を読み、対応していかないことには、どんな業界でも務まりません。今は、アジャストする力、つまり適応する能力が重要視されているのです。

若い人はまだ世界が狭いものですから、意外に保守的な面を持っているものです。たとえば「インターネットを活用して、こんなことができないかな？」と学生などに持ちかけますと、意外に「それはちょっと……」といった具合に消極的な返事が来ることがあります。そこで、より具体的な提案として「だったら、インターネットを使って、○○することはできないかな？」と踏み込みますと、「いいですね」となる。

あるいは、チャレンジという言葉に、どこか「過去のものを捨てて新しく出発する」という意味合いを含んで捉えている人が多いように感じます。つまり、本来チャレンジとはいっても、必ずしも過去のものを捨てなくてもいいわけですが、そこを取り違えているがために、ハードルが高くなっているのではないでしょうか。

よく、「今までのものは全部捨てて、ゼロから出直します！」などという言葉を聞きますね。しかし、本当にゼロからの出発などというものはありえません。どちらかといえば、これまでの経験に〝アレンジ〟する形で、新しいやり方を模索していくというニュアンスでしょうか。つまり、新しいものを〝プラス〟していくという感覚です。

したがって、チャレンジとはいっても、「新しいやり方を一つ取り入れたら、古いやり方が一つ消えた」「何かをプラスしたことで、全体の配置が変化した」という、ナチュラルな変化こそが、いい流れなのです。

つまり、何かしらの変化があるとしても、みなさんのベースがごっそりと変わってしまうことはありえません。**これまで積み上げてきた土台の上に、変化が起きるだけなのです。**

〝無茶振り〟のすすめ

そこで、これらの変化に強くなるために有効な手段の一つが、いわゆる〝無茶振り〟です。私は学生に対しての〝無茶振り〟を趣味にしているほどでして（笑）、たとえば「これを、君たちがお笑い芸人になったつもりで表現してみてください」といったような課題を出したりすることもあります。それを聞いた学生らは、血も凍らんばかりの表情を浮かべますが、「やるしかない！」という段階になりますと、意外に上手になりきってみせます。

つまり、一見、厳しいと思われるようなことに対しても、それらを乗り越え、慣れていきますと、「これ以上ツラいことはない」ということで、その後の作業がスムーズになることがあるわけです。

よく、「あの上司は、無茶振りばかりで困ったよ」などという愚痴を聞くこともありますが、若いうちに〝無茶振り〟に慣れておきますと、その後どのようなことがあっても「何だ、それくらいのことか」という風情で、事に当たることができるようになるものです。ですから、〝無茶振り〟する上司というのは、案外いい上司である、ということでしょうか（笑）。これは、体育会系のありえないほどにキツい練習をこなしてきた学生が、社会に出て「これくらいのこと、あの頃の部活に比べたらたいしたことないよ」と、おおらかに構えることができることと同じかもしれません。

「２週間苦手克服チャレンジ」から見えてくるもの

逆に、〝無茶振り〟をしない優しい上司を持つあなたにおすすめしたいのは、自分の新しい領域を広げるために、あえて苦手なことにチャレンジしてみるということです。たとえば、嫌いなピーマンを一生食べないという人生も悪くはないでしょう。ただし、食事に関してはそれでよくても、物事に対する苦手意識がありますと、社会生活を送る上で不必要に疲れてしまう場面が出てきます。つまり、いちいち「英語が苦手だ！」「パソコンが苦手だ！」と感じていては、それを避ける必要性が出てきますから、不自由ですね。そこで、「苦手なら、克服してしまえばいい」というわけです。

私は授業で、「みんなが苦手なものを、２週間で克服してみよう！」という課題を出したことがあります。クラシック音楽が苦手であれば、クラシック音楽を聴いて「お、この曲なんかいいな」と思えるところまでたどり着いてもらう。あるいは、英語の発音にコンプレックスがあるなら、人前で英語のスピーチをしても何とかなるところまで頑張ってもらうわけです。

一見、〝無茶振り〟に思えるこの「２週間苦手克服チャレンジ」ですが、学生に感想を聞きますと、案外「面白かった」という印象が一番多い。「やってみると、案外、いけるものですね！」と、顔をほころばせる学生も多く、思わずこちらも笑顔になります。

この課題では、〝苦手を克服していったプロセス〟を最後に発表してもらうのですが、彼らの発表を聞いていますと、「何だ、苦手ではなくて、単純にこれまでやってみなかっただけじゃないか！」という傾向が見えてきます。いわゆる〝食わず嫌い〟が多いというわけですね。

このとき、**苦手克服のコツとしては、苦手な領域のうち〝一番いいものに触れる〟ということです。**たとえば「絵画とか、全然わからなくて……。見ても面白くないんです」という学生であっても、一流の絵画を一流の美術館で見ることで「やっぱり素敵ですね！」という感想を漏らすことが、多々あります。

ぜひ、一流のものに触れることで苦手を克服し、自ら新しい領域を切り開いていくチャレンジ精神を、養ってみてくださいね。

DATE
いつまでも
好奇心旺盛でいることを
忘れない

面白そうなことに飛びつく〝軽やかさ〟

大人になった今こそ、どんなことにも「へえ、面白そう！」と思える軽やかな感覚とアンテナを持つこと。

たとえば、フェルメールの絵画が日本にやって来るとなれば、仕事が忙しくて美術館に赴くことは不可能でも、休日の夜、フェルメールに関するテレビの特集番組を見ることならできると思いませんか？

その番組を見るだけでも、たとえばフェルメールの絵が、過去に盗難にあったこと、戦時中、フェルメールの絵画をナチスに売り、売国奴と呼ばれたメーヘレンという人物がいたこと、しかしながら、メーヘレンがナチスに売ったとされるフェルメールの絵画は、実は彼自身が描いた贋作《がんさく》であったという驚愕の事実など、数多くの情報を得ることができるでしょう。

もちろん、本物の絵を鑑賞することが一番よいのでしょうが、このような小ネタをいくつか持っておくだけでも、不思議とフェルメールという画家が身近に感じられるものです。

自分が〝知のキーステーション〟になってみる

また、知的好奇心を持ち続けることで、それ以降もフェルメールに関する情報が自然とどんどん入ってくるでしょうし、それに関連したネタを仕入れることもできます。

つまり、「フェルメールの絵画をネタに、オリジナルのアニメと歌をつけている面白いアーティスト（井上涼さん）がいるぞ」ということを知り、NHKのEテレで放映中の、世界の美術を紹介する『びじゅチューン！』という番組にたどり着く。そして、フェルメール以外の画家についても多くを知ることになる……といった具合です。

つまり、好奇心が好奇心を呼ぶかたちで、自分の世界がどんどん広がっていくわけです。そして、できれば、その知的好奇心をSNSなどで発信することによって、自分が〝知のキーステーション〟になってみることをおすすめします。**これは、いわゆる〝情報通アピール〟の行動ではなく、あくまで知的好奇心が止まらないだけ、なのです。**したがって、全方位的に、心から楽しむ姿勢だけがあれば、〝意識高い系〟などと揶揄されることはないでしょう。なぜなら、「あ、この人は見せかけやファッションではなく、心から楽しんでいるんだな」ということが、周囲にもきちんと伝わるからです。

ただし、最初の時点で「フェルメールか……。この忙しい中、さすがに美術館まで行けないし、今回はパスだな」で終わっていたら、すべてはそこで終わりです。『びじゅチューン！』という番組を知ることはないでしょうし、〝知のキーステーション〟となって、多くの人に美術の楽しさを伝えることもないでしょう。

どうぞ、「直接は鑑賞できないけれど、テレビの特集だけ見てみるか」「ちょっと雑誌の記事に目を通してみるか」という、あくまで軽やかな姿勢を忘れないようにしてください。何気ない行動力が、必ず何かに結びついていくはずです。

DATE
本を読むことを忘れない

本は「他者の人格」そのもの

私たちは、いったい何のために本を読むのでしょうか？　知識や情報を得るため、視野を広げるため……。しかし、情報を得て、視野を広げるためであれば、今の時代、ネットでも十分に事足りるはずです。では、いったいなぜ、私たちに本が必要なのかということを突き詰めてまいりますと、「本は人格である」ということに辿り着きます。つまり、**偉大なる「他者の人格（＝本）」に触れる行為こそが、読書なのです。**

たとえば、聖書を開けば、イエス・キリストの人格に触れることができます。聖書をパラパラとめくると「何だかこの言葉は今の自分にぴったりだな」と感じる人は多いのではないでしょうか？　聖書は、思わず「なるほど！」「その通り！」と膝を打つような言葉で溢れていて、深く感じられます。なぜ深いのかといいますと、それはキリストの人格が偉大で、立派だからです。

そこで、お尋ねしたいのですが、昔の踏み絵ではありませんが、みなさんは聖書を踏むことができるでしょうか？　少なくとも、私は踏みづらい。また、聖書はもちろん、いくら部屋が散らかっていたとしても、私はあらゆる本を踏むことができません。

なぜなら、本は書き手の人格そのものだからです。

以前、私は聖書に関する本を出版したことがあるのですが、このとき、面白いことに気づきました。それは、聖書そのものは踏めないのに、聖書をコピーした用紙であれば簡単に踏めるということです。これは、新聞なら簡単に踏むことができる感覚に近いかもしれません。新聞は、紛れもない〝ただの情報〟であり、聖書をコピーしたものも、〝ただの情報〟〝ただの紙切れ〟という感覚に近い。もちろん、わざと踏んでみろ、ということではなく、単純に「感覚として、踏めるかどうか」という話です。

〝人間の幅を広げる〟一期一会読書法

今、私の書斎には『学問のすゝめ』や『論語』などが散らばっていますが、どれも踏めません。なぜなら、そこに福沢諭吉、そして孔子を見るからです。したがって、本が「他者の人格」そのものであるとすれば、仮にパラパラっと1、2ページめくっただけでも、私たちは彼らの人格に触れるということになりますね。

そんな〝一期一会読書法〟があってもおかしくないのではないでしょうか。

たとえば、「今日一日、どんな人と交流をしましたか？」と聞かれたときに、「両親と、友人です」では範囲が少し狭く感じます。そこで、たとえ数ページでも本を開くことで、「両親と、友人、それから太宰治です（笑）」となれば、みなさんは偉大なる他者の人格に触れ〝人間の幅を広げる〟時間を持ったということになるわけです。

人は、意図して偉大なるものに触れなければ、人間自体の器が大きくなることはありません。**つまり、読書とは〝人間を大きくする練習〟なのです。**太宰治は、本の中でこそ、自分の器の小ささを描いていますが、彼自身の才能は間違いなく偉大です。したがって、彼の本を読むことで、彼の偉大なる才能に触れることができるのです。

また、「偉大なる他者」である本というものは、それが小説でも思想でも、数ページめくるだけで、その片鱗に触れることができるはずです。本当の才能というものは、キラキラと輝いていますから、ちょっと読んだだけでも伝わるものがあるのです。

たとえば、ある外国の指揮者は、美空ひばりの「リンゴ追分《おいわけ》」の冒頭「リンゴの花びらが〜」という〝歌い出し〟を聞いただけで、「背筋が震えた」と話していました。つまり、本物の才能は、歌い出しだけでも、十分に他人の心を震わせることができるのです。このエピソードは、たった数ページを通じて「偉大なる他者」と触れ合うということと、非常に似通った部分があると思います。

〝本を読む習慣〟というプレゼント

したがって、無理に本を読み切ろうとしなくても構いません。電車での移動中、眠る前など、わずかな時間、わずかなページを開くことで〝違う時空〟に紛れ込むことができるのです。その時間が、みなさんの心を和らげ、豊かにしてくれるでしょう。

夜空を見上げて宇宙を感じ、野山を分け入り季節の匂いを感じ取るといったように、常に偉大なものと触れ合いたいもの。私の友人に、「毎朝、必ず富士山の写真を撮る」ことを日課にしている人がいるのですが、富士山というものは形こそ変わらねど、毎日違った表情を見せるのだそうです。しかも、その表情が刻一刻と変化していく。彼曰く、この習慣を持ったことで、自分自身の気持ちが大きくなったそうです。これも日々、人知の及ばぬ「偉大なる他者」である、富士山と触れ合っているためでしょう。

私たちは、毎日富士山を拝めなくても、本を読むことで手軽に、知的な「偉大なる他者」に出会うことができます。「今日はデカルトにでも出会ってみるか！」「今日は何となく世阿弥かな?」という具合に本を選び、パラパラとめくってみてください。

私は、学生にも同じことをやってもらっています。対象となる学生は、4年の後期を迎えた学生です。卒業を待つばかりの彼らに、いったい何をプレゼントすることができるだろうと考えたすえ、ひらめいたのが〝本を読む習慣〟でした。

30人いる学生に、それぞれ好きな本を読んできてもらい、その読書体験についてのレジュメをつくり、1分半ほどで発表してもらいます。その際、必ず3箇所ほど本の引用文を入れ込むようにしてもらい、同じ本を読んだことのない学生でも「なるほど、そういう内容の本なのか!」ということがわかるようにしました。

つまり、この授業を10回もくり返せば、学生は〝本を読む習慣〟が身につくのみならず、計300冊分の読みたい本の知識を得ることになるのです。この授業が、彼らにとって何よりのプレゼントとなることを祈りつつ、私は指導を続けています。

「本は人格である」ということを頭に入れていただいて、スマホだけでなく、ぜひ、本をパラパラとめくってみましょう。そして、偉大なる他者との交流をはかってみてくださいね。本書の巻末でおすすめの本を紹介していますので、そちらも参考にしてみてください。

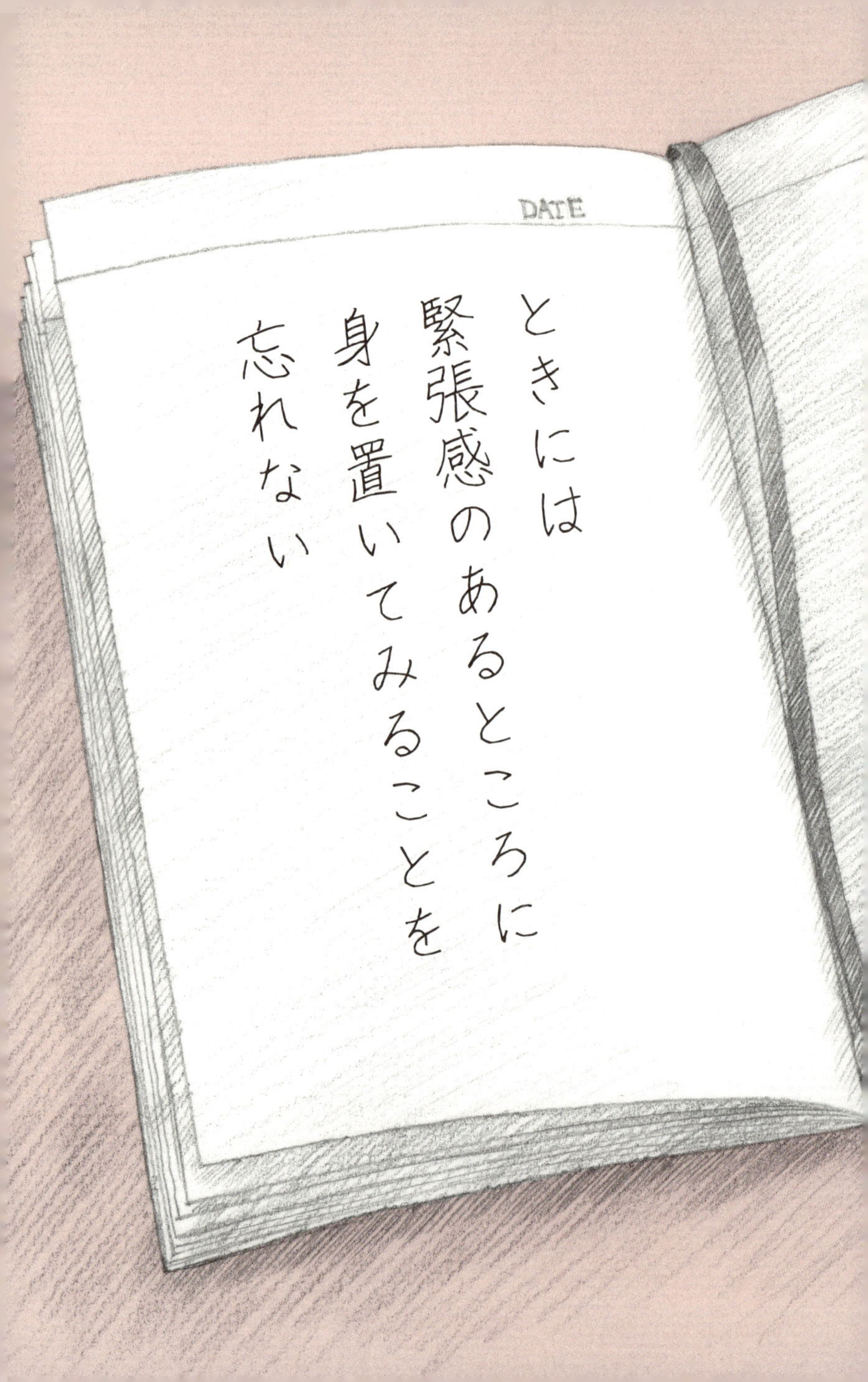
DATE
ときには
緊張感のあるところに
身を置いてみることを
忘れない

ほどよいプレッシャーが、人を伸ばす

たとえば「絶対に失敗できない」「大勢の人が注目している」といった、極めて緊張感のある環境で仕事をするとなれば、どんな人でも、それなりにプレッシャーを感じることでしょう。できれば避けたい場面かもしれません。しかし、「乗り越えた！」という自信と達成感を得るためにも、多少の緊張感にはメリットがあると考えています。

大学の授業でも、１００人もの学生を前に、「ひとりずつ、15秒で発表してみよう」という取り組みをさせることがありますが、学生に聞くと、やはり15秒でも緊張するものだそうです。しかし、初回は「心臓が口から飛び出そうだった」と感想を漏らした学生も、2回、3回とくり返すうちに、どこか爽快感のある顔つきを見せるようになります。なぜなら、緊張感は、うまく乗り越えるとクセになるものだからです。

したがって、多少は緊張感のある方が面白いものなのです。いうなれば、上手なサーファーが静かな波ばかりでは飽きてしまい、恐ろしいほどのビッグウェーブを待つ感覚と似ているかもしれません。つまり、「自分にはまだ早いかな？」「本当にできる

か、ちょっと心配だ」と感じる程度の案件に挑戦すること。

ちなみに、私はテレビの生放送が好きです。生放送というのは、終わるまで何が起こるかわかりません。また、生放送であるがゆえに「決して発言してはいけないこと」もあります。そういった緊張感を持って数時間を過ごしますと、終了した際の解放感も強く、「面白かった！」という気持ちが、いつもより強く残る傾向にあるのです。

また、生放送で発言をするとなれば、多くの人は緊張感を強く感じるものですが、この場合、多少の緊張感を持ちつつも、それが強くなりすぎないように自分をコントロールする必要があります。息を吸って深く吐き、「どうにかなるだろう」と〝笑顔で〟臨んでいます。

この、**〝ほどよく緊張感を残したリラックス状態〟というバランスが重要です。なぜなら、人間はこういう状態にあるときにグッと伸びるものだからです。**

緊張感のある場面で、与えられた役割をこなすには？

私は、高校生の頃から、先述した「緊張感のある場所で、適度な緊張感を持ちつつもリラックスし、集中力を保つ」ことを、自身の課題の一つとしてきました。

たとえば、部活動でバスケットボールをしていれば、「このフリースローを外したらどうしよう」という気持ちになります。しかし、心と身体が緊張しすぎていては、何事も上手くいきません。つまり、ここでも「緊張感のある場所で、適度な緊張感を持ちつつもリラックスし、集中力を保つ」スキルが必要になるわけです。

当然、仕事でも同じことがいえるでしょう。適度に緊張感のあることをこなすためには、リラックスしながらも集中力を保たねばなりません。

私が出演しているテレビ番組『全力！脱力タイムズ』は、頻繁にモノマネや小芝居などの、いわゆる〝無茶振り〟があるために、よい意味で緊張感のある現場です（笑）。それでも、その緊張感をコントロールしつつ、リラックスして楽しむようにしています。

大切なのは、どんなに緊張感のある場面においても、「与えられた役割をしっかりとこなす」ということではないでしょうか。心と身体の緊張感を感じつつも、それらを呼吸法などでコントロールすることで、「乗り越えた！」という自信と達成感を、積み上げていってくださいね。

DATE
〝わざわざする〟ことを
忘れない

〝わざわざ〟がもたらす効果

今では、インターネットさえ通じていれば、どこにいても、数多《あまた》の映画を見ることができますね。以前なら、映画館に行かなければ見ることができなかった作品でも、自宅で気軽に鑑賞することができるようになりました。

しかし、仮にネット配信で見ることができる作品だとしても、〝わざわざ〟映画館に出向いて鑑賞するということは、実は非常に意味のあることなのです。

あるいは、手近なところで〝わざわざ〟よいヘッドフォンを買ってみることで、「これまで聴いていた音楽が、まるで別物のように思える」ために、音楽を聴く機会が増えるということもあるでしょうし、さらには、展覧会で見損ねたフェルメールを〝わざわざ〟オランダまで見に行くことで、日本では到底味わえない感涙にむせぶ、といったこともあるでしょう。

また、みなさんは、ヨガの「死体のポーズ」というものをご存知でしょうか。これは、仰向けに横たわって身体中の力を抜き、息を吐いて〝わざわざ〟仮死状態をつくるというものです。一度、死んだように心と身体をリセットすることで、この世の煩わしさから解き放たれるという効果があるのですね。
「終活」においても、〝わざわざ〟棺桶に入ってみることで、不思議と心が落ち着くという話を聞いたことがありますが、それと同じような感覚かもしれません。ここでも〝わざわざ〟行ってみるということがポイントです。

経験と記憶を、心と身体に刻み込む

この〝わざわざ〟は、人間の精神をとても豊かにしてくれるものです。かつて、江戸時代の日本では「お蔭参り（お伊勢参り）」が、爆発的に流行しました。〝わざわざ〟伊勢神宮まで、何日もかけてテクテクと歩きお参りをすることで、「自分はお伊勢さんに行ってきた！」という感覚が、心と身体に深く刻み込まれるのです。つまり、伊勢神宮への参拝自体と同じ、あるいはそれ以上に、そこに至るまでのプロセスが大切なのです。

私は、小学4年生のときの遠足の記憶を、今でも道順すら、ありありと思い出すことができます。それは、小学校から海岸までの長距離を歩き、お弁当を食べて帰ってくるというだけの、実にシンプルな遠足でしたが、不思議と記憶に残っているのです。対して、もっと遠方まで行ったにもかかわらず、バスを使った遠足については、ほとんど覚えていません。やはり、〝わざわざ〟歩いて行ったことが、心と身体に記憶として刻み込まれた、大きな理由の一つなのでしょう。

今の時代は、何でもインターネットですますことができてしまいます。もちろん、軽やかな現代社会においては、有益な面も多くあります。実際、私も大きなメリットを感じています。ただし、**一方で〝わざわざ〟出向いたり、〝わざわざ〟手紙を書くことの意義や楽しみがあることを、忘れてはいけません。**

省エネできるところは省エネし、その上で〝わざわざ〟やることの楽しみを、一つのイベントとして、取っておくとよいかもしれません。

DATE
アウトプットのために
インプットすることを
忘れない

いくら練習をしても、試合に勝てない理由とは?

私は学生の頃から、主にスポーツにおいて「試合を想定しない練習は、意味がない」と考えてきました。つまり、練習のための練習になっては意味がない、ということです。そうではなく、練習中であっても試合中だと仮定し、絶対にミスをしてはいけない状況の中で何をするか、ということが本当の練習だと思っています。

よく、練習のときは調子がよいにもかかわらず、試合になった途端にダメになってしまう人がいます。これは、まさしく試合を想定した練習ができていなかった、ということではないでしょうか。**要するに、アウトプットを意識しないインプットでは意味がないということです。**

また、本を読む(=インプット)際にも、「この本の内容を、あの人に教えてあげよう(=アウトプット)」と思いながら読みますと、普通に読むよりも、グッと頭に入りやすくなるものです。同じく、勉強していても、「この内容を、あとで発表しなければいけない」と思って当たると、いつもよりはかどる傾向があります。

アウトプットを念頭に置くこと

私は大学院生だった頃、いくら資料を集めても、まったく論文が書けないという経験をしました。そのとき、やみくもに資料をかき集めるのではなく、いかに論文執筆（＝アウトプット）を想定した資料集めをするかが鍵だと気づいたわけです。

そこで、「論文においてもっとも重要なのは視点だ。視点を明確にするためにも、まずはタイトルを決めよう。その上で資料を集めたらいい」と、段取りを決めました。すると、必要のない資料が一目瞭然となり、要らない資料に目を通す時間も省くことができました。このように、**アウトプットを念頭に置くことでインプットの濃度も濃くなり、効率もよくなります。**

「本当のアウトプットとはどんなものか」を考える

いわゆる伝言ゲームというものがありますが、つまるところ「他人に聞いたことをそのまま他人に伝える」ことができたなら、それは〝アウトプットした〟ということになります。あるいは、より創造的なアウトプットを望むのであれば、聞いた話に自分のアイデアをプラスアルファすればよいでしょう。しかしながら、何が本当のアウトプットなのか。

たとえば大学の授業で、先生の言うことを必死にノートに書き取ったとしても、そのノートを出版するわけではありませんね。この場合、講義の内容をやみくもに書き取るのではなく、たとえば、教師の話を聞いて閃《ひらめ》いた〝自分自身のインスピレーション〟をノートに取る方が、いわゆるアウトプットに繋がるのではないでしょうか。

もちろん、シンプルに試験勉強を目的とするのであれば、教師の話を記録するだけでも構いません。しかし、その授業の内容から、何らかをアウトプットするのであれば、話は別です。目的や目標を、見誤ってはいけません。

このように、「何のためにインプットするのか」「本当のアウトプットとはどんなものか」ということを、必ず念頭に置いて、行動するようにしてみましょう。

DATE
「ラクをする方法を
考える」ことを
忘れない

省エネのすすめ

人類は〝いかにラクをするか〟を考えることで発展してきました。いうなれば、怠惰な人たちが世界を推進させてきたといっても過言ではありません（笑）。「面倒だからラクしたい！」という気持ちこそが、牛や馬を使わせ、鉄道や飛行機を生み出したのです。「ラクをする方法を考える」ことは、それだけ大切なことなのです。

私は以前、「電車内などで突っ立っているとき、もしかしたら、本来は立つことに必要のない筋肉まで使っているのでは？」などと考え、無駄な力を抜き、最低限の労力で立ち、動くという練習をしたことがあります（笑）。そこで気づいたことなのですが、**省エネを考えるということは、いかにストレスを省くかということにも繋がります。**なぜなら、自分にとって過剰なもの、不要なものが、明確になるからです。

また、ラクをするということは、省エネをしている状態ですから、いくらかエネルギーが余っているわけです。そこで、**その余ったエネルギーをチャレンジに使うということをおすすめしたいと思います。**会社への行き帰りや家事などのルーティンをできるだけ省エネし、余剰エネルギーをチャレンジに回すことで、新たな領域の開拓へと繋がっていくことでしょう。新しい趣味を始める人もいるでしょうし、映画を見る時間を増やす人もいるかもしれません。

一見面倒なアプローチで、ラクをする

あるいは、逆に〝やりきった方がラク〟というケースもあります。たとえば、英語で書かれた本などを読んでいますと、慣れないアルファベットに「あれ？　どこを読んでいたんだっけ」という状態になることがあります。しかし、最初から音読していれば、声に出すことで意味も取りやすくなりますし、目が迷うこともなく、かえってラクというわけです。つまり、一見面倒くさいように感じることでも、思い切ってやり切る方が、結果としてよいケースもあるのです。

私のかつての教え子で、今では教師になっている男性がいるのですが、彼は受け持ちのクラスで、毎週月曜に「学級通信」をつくっていました。ところが、つくっているうちにネタが尽きてしまったそうです。このようなとき、みなさんならどのように行動しますか？　毎週月曜をやめて、隔週にする。あるいは1カ月ごと……。普通な

ら、そのように考えますね。しかし、彼は違いました。何と、「そうだ、いっそのこと週に1回ではなく、毎日発行してしまおう!」と考え、実行に移したのです。結果、彼は「先生、逆にラクになりましたよ」と笑っていました。

要するに、〝腹が決まる〟といいますか、「毎日作成する!」と決めた時点で、「また今週も作成しなければ……」などと迷う余地がなくなったのです。ネタに関しても、深く考えずに作成するようになったところ、逆に、ポンポンと案が浮かぶようになったといいます。

「ラクになる方法」は人それぞれ

「〇〇したら、逆にラクになった」というのは、人によって違うものです。たとえば何らかの誘いを受けても、返答までグダグダと考える人がいますね。この場合、「出席します」と、素早く返してしまった方が、逆にラクになることがあります。なぜなら、誘いそのものより、迷っている時間の方が苦痛だという可能性があるからです。

今でも、私はおもちゃのジェンガのように、「どこまで(力を)抜くことができるか」、様々なことを試しています。その結果、たとえば出版物のゲラ刷りは、「何となく2、3回」確認するのではなく、「真剣に1回」確認する方が効率がよいということもわかりました（笑）。つまり、「どうやったらコストパフォーマンスのよい仕事ができるか」と省エネを考えることは、決して悪いことではないのです。ぜひあなた自身の「ラクになる方法」を、見出してくださいね！

DATE
「人生は有限」である
ことを忘れない

「何でも見てやろう」の精神

「若いうちの苦労は買ってでもせよ」という言葉もありますが、若いうちにできることは、何でもやっておくということが大切だと、私も考えています。たとえば、インドに行きたいと思ったら、行ってみる。なぜなら、年を重ねると知識がつき、コレラが怖くなって、なかなか足が向かなくなるからです（笑）。

バイクが大好きだった私の兄は、かつて「金を出してやるから免許を取れ」と私に言ったことがありました。その頃の私は、バイクに少しも興味がありませんでしたが、兄のすすめでしぶしぶ免許を取ったところ、運転が少しずつ楽しくなっていきました。結果、若い頃は2人で、日本各地をあちこちバイクで回ったものです。今ではすっかりバイクに乗ることはなくなりましたが、今でも、あの頃の楽しかった記憶が鮮明に蘇ることがあります。

もちろん、バイクに乗ろうと思えばいつでも乗ることができますが、若さゆえの楽しさ、というものがあるのです。つまり、年を重ねるにしたがって、何となくやりづらくなることがあるのです。

ですから、人生の時々において、そのときにすべきことをしておくということをおすすめします。

死を意識することで生を濃くする

人生は有限であるということについて、哲学者のハイデガーも、著書『存在と時間』の中で「人間は死を意識すると、本来的な生き方になる」と述べています。先駆的に死を意識する、つまり死に先駆けて〝覚悟を決める〟ことで、本気で生きるようになるというわけです。この感覚は、日本人にとって受け入れやすい考え方かもしれません。なぜなら、東洋人は古《いにしえ》より死を意識しながら生きてきたからです。言い換えるならば、死を意識することで生を濃くする、といったところでしょうか。

したがって、付き合う人は幅広くてよいかと思いますが、本当に時間を割いて会う人というのは、ある程度選んだほうがよいかもしれません。あるいは、現代を生きる私たちは「結婚はいつしたらよいか？」「家を買うならいつだろう？」などといろいろな選択肢を抱えているわけですが、そういう場面でこそ「人生は有限である」ことに立ち返り、厳しく考えすぎないようにすべきです。どれだけ重要な案件であっても、「どこかで、適当に踏ん切りをつけないといけないな」といった、あくまで気楽な気持ちで考える〝軽やかさ〟を持ち合わせましょう。

「人生は有限である」からこそ、人は生きていける！

また、「クラシック音楽がいいと聞くけれど縁がない」などと思っている人は、心に響くものがすぐ隣にあっても、気づかないうちに一生を終えてしまうことがあるかもしれません。そうならないためにも、「人生は有限である」ことに立ち返り、「何から聴けばいいかわからないから、とりあえず、父が持っているCDを聴いてみよう」といった具合に、身近なところから始めるとよいでしょう。**人は、時間が有限であることに気づくと、思いのほか、行動力と集中力が出るものです。**

たとえば、田舎の村などでは、結婚の早い人が多い傾向にあります。これは、相手の人数が有限だと認識されているからです。ところが、東京やインターネット上には、それこそ無限の若者がいますね。人にとって、この、〝無限〟ほど危険なものはありません。なぜなら、本能的に「もっといい人がいるかも」などと迷ってしまいますし、仕事や趣味嗜好においても、「もっと、もっと」というデフレスパイラルに陥ってしまう原因になりうるからです。たとえば、ＹｏｕＴｕｂｅのように無限に動画が並んでいると、何だか気が遠くなって、集中力に欠けてしまうことはありませんか？

したがって、「人生は有限である」こと、その有限性そのものが、人生において非常に尊いことだと、おわかりいただけたらと思います。

DATE
年齢による制限はないことを忘れない

「毎日が、常に一番若い」という事実

まずはみなさん、とりあえずご自分の歳を忘れてみましょう（笑）。「もう○歳だから……」などという年齢による制限ほど、バカバカしいことはありません。

私は、黒柳徹子さんを見ているとき、このことを強く感じます。黒柳さんの舞台を拝見しますと、そのコメディエンヌぶり、演技の上手さに脱帽します。いわゆる天才といってもいいでしょう。もちろん、テレビなどでも、年齢を超越した存在感を発揮されていますから、みなさんもよくおわかりになると思います。

また、私は美輪明宏さんにも定期的にお会いする機会に恵まれていますが、美輪さんも黒柳さんと同じように、舞台でのお声も素晴らしく、年齢などをまったく感じさせない、完全に超越された存在であると感じています。

もちろん、人生は有限であることに変わりありませんが（P230参照）、年齢のことは、この際、綺麗さっぱり忘れてしまいましょう。若いうちにやっておいた方がいいこともありますが、**歳を重ねたとしても、「毎日が、常に一番若い」のです。**

若々しくいるための、秘訣とは？

　若々しくいるためには、まず、しゃべるスピードを速めてみましょう。高齢者は会話のテンポが遅く、反応も鈍い印象があります。もちろん、耳の聞こえ具合などもあるでしょうが、逆にテンポを速めることで、若々しさを保つことができるのです。

　次に、常に身軽な状態でいるようにしましょう。たとえば、「今度飲みに行きましょう」と誘われたなら、「じゃ、今から行く？」と返せるようなテンポの速さと軽やかさです。私自身、「先生は会話のテンポが速いですね」「決断が速い」などと言われることがありますが、それは意識的にそうしているからです。これから歳を重ねるたび、さらに、身も思考も軽くしていこうと思っています。

　そのためには、その場で軽くジャンプをするなど、身体的なアプローチも大切です。軽くジャンプをして身をほぐしますと、心身ともに身軽さと素直さを取り戻すことができます。あるいは、身体によいとされることを、いろいろと試してみるのもいいでしょう。私もトライアンドエラーをくり返して、シークワーサーのジュースを飲んで風邪を予防したり、サプリメントを飲んでみたりと、様々なことを行っています。

その際、「これを飲んでおけば元気でいられる」「身体が衰えない」という気持ちをもつようにしましょう。

「顔色が悪いね」「お疲れですか？」はNGワード

人はよくも悪くも暗示にかかりやすい存在です。先述した通り（P22参照）、ある人に同じ日に「今日は顔色が悪いね」と3人に言わせたところ、実際に被験者が落ち込み、顔色が悪くなっていったという実験結果があるほどです。したがって、もし知人の顔色が悪くても、それについて触れてはいけません。「お元気そうですね」「今日も若々しいですね」と声をかけることで、相手を本当に元気にさせてあげましょう。「何を根拠に若々しいと言っている！」などと怒る人はいないでしょう。

とにもかくにも、テンポよく、若々しい気持ちでいること。私は立場上、若い学生と長い時間を一緒に過ごすものですから、自然と気持ちが若々しくいられます。

ぜひ、行動面での軽やかさと心の若々しさをどちらも身につけて、年齢のことなど綺麗さっぱり忘れてしまいましょう！

DATE
積極的に外出することを
忘れない

「とりあえず」の精神で外へ出る！

みなさんは、待ちに待った休日にもかかわらず、「キャンプに行くような元気もないし、かといってずっと家にこもっているのも……」などと頭を悩ませることはありませんか？　そういうときは、ぜひ、軽い気持ちで外出してみることをおすすめします。思いきって出かけてみると、必ず何かが起こりますし、出かけなければ、逆に何も起こりません。

「とりあえず散歩でもしてみるか」と駅前まで歩いて行ったところで、ふらふらと本屋に入る。そこで、何となく目に留まった本を買うと、向かいに新しいカフェができていることに気づいた。そのカフェに入ってコーヒーを飲み、本を読む……。そして数年ぶりに会う知人にでも遭遇したのなら、それも立派な休日の過ごし方といえます。

ここでポイントとなるのは、綿密な計画を立てるわけでもなく、「とりあえず」の精神で、身軽に外へ出てみるということです。

〝偶然の出会い〟を逃さない方法

みなさんは、セレンディピティという言葉をご存知ですか？　これは〝偶然の出会い〟〝予想外の発見〟といった意味合いを持つ言葉です。**私たちは、このセレンディピティを、自ら妨げてはいけません。**先ほどの例でいうと、身軽に外へ出てみたことで、新しい本、新しいカフェ、数年ぶりの知人との出会いがあったのです。もし外出しなかったら、せっかくのセレンディピティを自ら妨げてしまったかもしれません。

哲学者のニーチェも著書『ツァラトゥストラ』の中で、「偶然が自分のところに来ることを妨げるな」ということを言っています。偶然を妨げず、拒まずにいるためには、身体を適度に動かし、リラックスして外出すること。「とりあえず」の精神で外出すれば、きっと、何らかのセレンディピティがあることでしょう。

たった5秒で生まれる出会い

最近は、コンビニや飲食店などで、外国の方がたくさん働いていらっしゃいますね。

日本語の上手な方が多いので、名札を見るまで日本人だと思い込んでいることもしばしばです。

私はこのような人に出会ったとき、気軽に声をかけてみることがあります。

「ご出身は？」

「ベトナムです」

「日本語がお上手ですね！」

「ありがとうございます！」

このやり取りで、だいたい5、6秒といったところでしょうか。たった数秒のやり取りでも、必ずお互いが笑顔になります。そして、何となく「交流したな」という感覚を持つことができるものです。

つまり、ちょっとしたひと声が、小さな出会いと心の交流を生み出します。これも、立派なセレンディピティの一つだといえるでしょう。

目的がないからといって外出を拒んでいては、せっかくの〝偶然の出会い〟を逃してしまうかもしれません。ぜひ、「とりあえず」の精神で、身軽に外へ出てみましょう。

DATE
孤独を受け入れることを
忘れない

「単独者」の時間のすすめ

人間には、ひとりで過ごす時間が大切です。昔の人も座禅を組むなどして〝わざわざ〟ひとりになって己と向き合う時間を取ったほどですから、現代においても〝わざわざ〟そのような時間を持つことが必要だと思います。

まずは、寝る前の1時間でも結構ですから、スマホをすぐに触れない状態にしてください。充電の時間にあてると、ちょうどよいかもしれません。

そして、静かなひとりの時間の中で、本を読み、音楽を聴き、ひとりで過ごす練習をしてみましょう。そうしますと、**「偉大なる他者」**（P207参照）**と遠くで繋がっている感覚が生まれます。**哲学者のニーチェは「星の友情」という表現をしましたが、それぞれ離れた空間に位置しながらも、友情で繋がっているというイメージです。決して、孤独ではありません。

また、孤独という言葉の代わりに、単独という表現を使ってみるのもよいでしょう。「自分は今、単独者である」と考えれば、孤独という言葉の持つ重さが消えて、気分も軽くなってくるはずです。そういう「単独者」の時間を、ぜひつくってみてください。

人間関係をスッキリさせる方法

あるいは、仮に鬱陶しい友人がいたとして、「あんな人と一緒にいるくらいなら、いっそのこと、ひとりでいた方がいいのでは？」と自分に問いかけてみてください。なぜなら、**人は案外、無理に付き合わなくていい人にまで、意外と時間を割いているものなのです。**「誘われたら、考える」程度の距離感を保つことは、思いのほか大切なことかもしれません。そして、仮に誰かと上手くいかないという現実があったとしても、「この人と上手くいかなくても、大勢に影響はない」とドライに割り切り、気にしすぎないようにしましょう。

もちろん、完全に友人がひとりもいないという状況はキツいですね。そこで、私の提唱する3色ボールペン方式（P45参照）にしたがって、赤は「昔からの大切な友人」、青は「まあまあ大切な同僚」、緑は「たまに会うと面白い後輩」といった具合に、友人を〝3人だけ〟選出してみましょう。本当の友人は3人もいれば十分です。また、緑の後輩には年に1、2度、会うか会わないかで結構です（笑）。そう考えますと、ずいぶん人間関係がスッキリとするのではないでしょうか。

いずれにせよ、「自分は孤独だ」などとネガティブに捉えないこと。現代においては、もはや「ひとりでいられる幸福感」の方が重要視されつつありますし、たとえば、SNSなどにおける〝会ったことも会う予定もないけれど、マニアックな趣味を共有できる人物〟の存在などは、現代ならではの、実に幸福な人間関係ではないでしょうか。

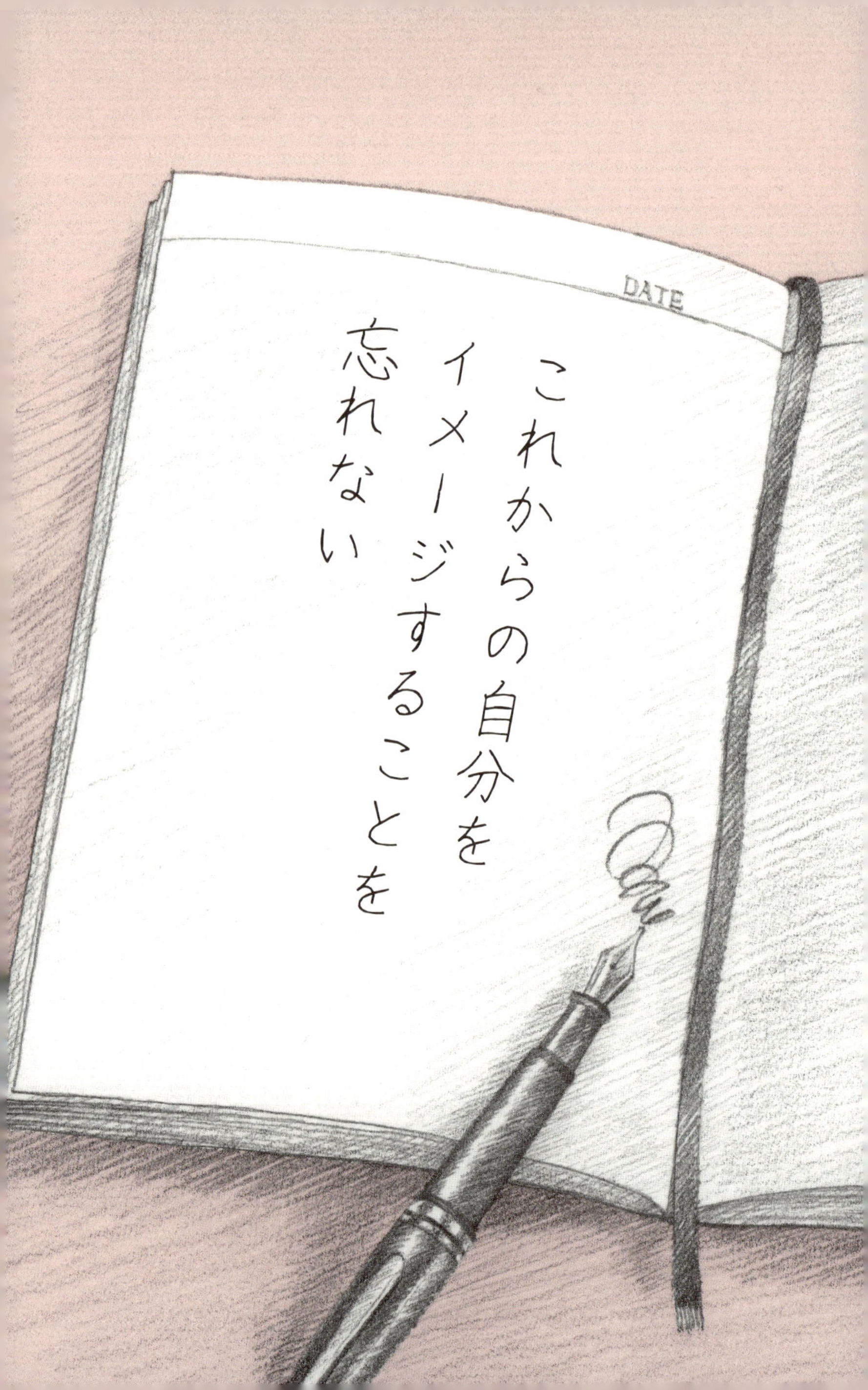
DATE
これからの自分を
イメージすることを
忘れない

「勝つことを恐れる」という不思議

自分が想定していないもの、イメージがないものを実現することはできない……。これは、スポーツばかりしていた私が、10代の頃から考えてきたことです。「イメージしたことは、頭の中で、無意識の領域に浸透していき、やがてそれが実現していく」という確信でしょうか。

人間は誰しも、〝なりたい自分〟になりたいはずです。そのためにも、まずは「自分は、今後いったいどうなっていきたいか？」という〝なりたい自分像〟を頭の中でイメージとしてつくっておくとよいでしょう。

たとえば、試合に勝ったときの自分を想像してみる。そうすると、勝つことを恐れなくなります。「勝つことを恐れる？　そんなことはないだろう！」と思われる方もいらっしゃるかもしれません。しかし、これは実際によくある話です。

私はテニスが趣味なので、これまでたくさんの試合を見てきましたが、ランキングの下位にいる選手が上位にいる選手と試合をすると、マッチポイントまで取っているにもかかわらず、結果として負けてしまうという場面がよくあります。これは、下位にいる選手が、頭のどこかで「どうせ、自分が勝てるわけがない」と思い込んでいるためではないでしょうか。

人間というのは不思議なもので、どこかで「勝ってしまう自分」「できてしまう自分」に対する恐れがあるものなのです。当然、「負けたらどうしよう」という恐れは誰にでもありますから、想像しやすいと思います。しかし、逆に「勝ったらどうしよう」という恐れもあるのです。

「〇〇できたときの自分」をイメージする

先ほどのテニス選手のたとえではありませんが、「自分なんかが〇〇してしまって、よいのだろうか？」という考えを持っていますと、実際にそれが達成されたとき、どうしても挙動不審になるものです。

したがって、**常に「〇〇できたときの自分」をイメージしておくことで、恐れなく、挙動不審になることもなく、それらを受け入れることができるでしょう。**そして、このような〝構え〟ができていますと、チャンスを逃すことがありません。

なぜなら、オファーが来たときに「私なんてまだまだ……」という考えがあると、挙動不審になり、結果としてチャンスを逃す可能性が高くなってしまいます。ですから、突然やってくる球を打ち返すためには、きちんと心の準備が整っていることが大前提となるわけです。せっかくのチャンス、無駄にしたくありませんね。

ぜひ、「次のステップに踏み出したときの自分」を常にイメージしておきましょう。

イメージすることで〝代理力〟を育む

イメージすることは、私たちが思っている以上に効果があります。なぜなら、イメージすることによって、人の頭というものは、勝手にシミュレーションを始めるからです。「別の部署に移ったら」「あのポストについたなら……」そうイメージするだけで、「こういうことをしてみたい！」「とりあえず変更点はこれと、あれと……」など、具体的な〝次の〟景色が見えてくるはずです。

あるいは、**あらかじめイメージをしておくことで、突如ポストが回ってきたときに、すぐに対応できる〝代理力〟とでも呼ぶべき力が備わることでしょう。**

「鉄鋼王」と呼ばれたアンドリュー・カーネギーの『カーネギー自伝』によりますと、彼が電気技師の見習いをしていたある日、本来の担当者が何かの理由で休んだそうです。そのとき〝代理〟としてカーネギーが対応したところ、「君、よい技術を持っているじゃないか」と評価され、その後、地位を確立していったというエピソードがあります。

カーネギーはその後も、代理に次ぐ代理を経て、製造業に進出。ついには「鉄鋼王」と呼ばれるまでにのし上がっていきました。これぞ、まさに〝代理力〟といえるでしょう。

また、芸能の世界でも、舞台の主役が突如、「体調不良により降板！」というニュースが飛び込んでくることがあります。このとき、まるで漫画『ガラスの仮面』の主人公・北島マヤのごとく、「私、主役のセリフをすべて覚えています！」という人が出てくるわけです（笑）。実際に演じさせてみると、芝居もいい……。こうして、無名に近いような俳優が、一気にスターダムにのし上がるというケースもあるのです。

このように〝代理で入り込む〟ということも、ある意味チャンス到来というわけです。野球の世界などでも、レギュラーの選手が怪我をしているときに入り込み、結果を残す選手がいます。

このような〝代理力〟を育むためにも、やはり「次のステップに踏み出したときの自分」を常にイメージ、シミュレーションしておきましょう。

チャレンジャーでいることを忘れない

ただし、小学生が「アイドルになりたいなあ」などとぼんやりイメージするのは、単なる子どもの想像力に過ぎません。そうではなく、「あのポストについたら、こうしよう！」と具体的にイメージするのが、大人の想像力です。常に、当事者意識を持っておくことがポイントなのです。

また、常にチャレンジャーの立場でいることを忘れてはいけません。社会人になって年月が過ぎていきますと、どうしても初心を忘れがちです。しかし、新しい部署に移るとき、新しいポストに就任するとき、人は誰しも初心者であり、チャレンジャーなのです。

自分の立場を、意図的にチャレンジする側に置くことで、初心を忘れることがなくなります。ですから、異動先、転職先、仕事内容が変わったとき、あるいは毎日でも結構です。必ず〝新しい気持ち〟で臨むよう心がけてください。

小さなメモ帳のすすめ

〝新しい気持ち〟で物事に臨むとき、おすすめしたいのが、小さなメモ帳です。メモを取るという行為は、学ぶ気持ち、姿勢がよく現れます。それは、自分自身の意識だけでなく、周囲にも伝わることでしょう。

仮に、あなたが高い地位の役職に就くとしても、きちんとメモを取りながら引き継ぎを行うことで、まるでこれまでもそのポジションにいたかのごとく、翌日から振る舞うことができて、熱心で頼りになる人物だと思われるはずです。

私は学生にも、就職先では必ずメモを取りながら上司の話を聞くようにと話しています。それを実践した学生は、実際に評判がよいようですし（笑）、上司は自分の話が〝メモをされるほど価値がある〟と感じるわけですから、気分が悪いはずがありません。おそらく、「今どき、珍しくやる気のあるやつだ」と思われることでしょう。

ポイントは、相手の目を見ながら、要点だけをさっとメモすることです。

文字に書くことで、実現性を高める

また、文字を書くということは、不思議と実現性が高まる行為でもあります。正月にする書き初めなどは、その代表かもしれません。

しっかりした文字で言葉を書きますと、頭にもしっかりと残りますから、まずは目標が明確になります。実際に墨で書くのが面倒でしたら、紙にマジックペンで目標を書く、手帳に書く、あるいは付箋に書いて貼っておいても構いません。いずれにせよ、きちんと言葉を文字として残すことで、イメージが確定し、頭がクリアになります。

また、文字というものは普遍性を持ちますから、仮に自分の心が変わったとしても、変わらずそこに残り続けるわけです。たとえ楔形文字《くさびがた》で書かれた文字でも、現代の私たちが読むことができるくらいですから。

文字には強い力があります。一度自分の外へ出た言葉が、年月を経て、まるで天の声のようにあとから響いてくることもあるのです。したがって、見落としていたことでも、文字に残しておくことによって、時間が経ってから実現するケースも多いはずです。

〝これからの自分〟に意識を集中させる

このように、目標を文字に残したり、声に出して読むことで、その内容に意識が向きます。すべては意識の問題といっても過言ではありません。今の自分が目指すべき、なりたい〝これからの自分〟に意識を集中させること。

正月、年度始めの4月など、何かの節目のたびに〝これからの自分〟を意識し、実際に文字に書いて、読むことをおすすめします。これは、実際に私も行っていることの一つです。

私の場合は、「来年度はこんな本を書く」と手帳に書き込み、そこにチェックボックスも用意。そして、実際にその本を出したときに「これは完了！」とチェックしています。よろしければ、みなさんも真似してみてください。

このように、**文字などの力を使って、今の自分が目指すべき、なりたい〝これから**

の自分〟に意識を向けて、しっかりとなりたい自分になっていきましょう。

「イメージしたことは、頭の中で無意識の領域に浸透していき、やがて、それが実現していく」ということを、くれぐれも忘れないでいてください。

おわりに

社会人として、人間として、様々な経験を積んできた私たちに〝今〟必要とされることは何か……。本書を通じて、なんらかの気づきを得られたなら幸いです。

ともすれば、フレッシュだった新人時代よりも、「大人だからこそ」たくさんのことが求められる時代かもしれません。

ここでみなさんに、私から、最後のメッセージを贈りたいと思います。

それは、「過去や未来にとらわれすぎず〝今、ここ〟を見据えることを忘れないでほしい」ということです。

往々にして、不安というのは、先のことを考えすぎてしまう場合に起こります。「こうなったらどうしよう」「ああなったらどうしよう」。それではマイナスの発想しか出てきません。

もちろん、ある程度の〝予測〟は必要ではありますが、あくまで「今、すべきこと」にフォーカスすることが肝心です。また、そういった気の持ち方こそが精神の安定へと繋がり、さらには、毎日をフレッシュに過ごすための「若々しさ」にも繋がっていくのです。

ぜひ〝今、ここ〟を生きる、魅力的な大人であってほしいと思います。

齋藤孝

大人だからこそ読んでおきたい厳選10冊

ここでは、大人だからこそ読んでおきたい本、厳選10冊をご紹介します。どの本も、大人として人生を歩む上で、欠かせないメソッドが詰まっているものばかり。また、読みやすいものを中心に選んでいるので、あくまで楽しみながら読むことができるでしょう。

ジャンルも、哲学書から詩集、小説、漫画まで様々なものを集めました。みなさんの興味のあるものからで結構ですので、ぜひ10冊制覇を目指して読んでみてください。

❶『ああ正負の法則』

美輪明宏　PARCO出版

人生にはいいこと(正)もあれば、悪いこと(負)もあるということを説いた書籍。ベストセラーとなった本書はもちろん、自伝『紫の履歴書』も素晴らしい内容ですので、あわせておすすめします。

❷『いわずにおれない』

まど・みちお　集英社

まど・みちおさんの詩は、どれも深みがあって、なおかつ優しい眼差しに溢れています。お年を召されてからも、子どものようなフレッシュな心を保ち続けた姿から、学べることは多くあります。

❸『禅マインド ビギナーズ・マインド』

鈴木俊隆(著)、松永太郎(翻訳)　サンガ

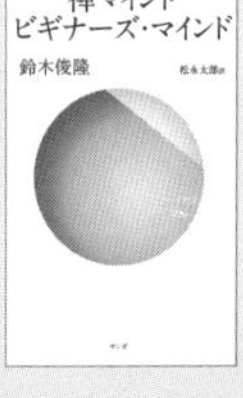

スティーブ・ジョブズが青春時代に読んだという禅のバイブルで、まさにアメリカの禅ブームをつくった本だといえるでしょう。"今を生きる"ことの大切さがよくわかる一冊です。

❹『新訳 道は開ける』

D・カーネギー　KADOKAWA

D・カーネギーは1835年の生まれにもかかわらず、今でも世界中で、その著作がベストセラーとなっています。不安が強く、迷いの多い人にぜひ読んでほしい一冊です。

❺『新編 日本の面影』

ラフカディオ・ハーン（著）、池田雅之（翻訳）　角川ソフィア文庫

日本に住み怪談を世界に広めた、ラフカディオ・ハーン。いわゆる「クールジャパン」の先駆けだったといえるかもしれません。本書の中に含まれる「日本人の微笑」だけでも読んでみてください。

❻『ツァラトゥストラ』

ニーチェ（著）、手塚富雄（翻訳）　中公文庫

「情熱の矢となれ」という熱いメッセージが書かれた本書を、私はあらゆる場面でおすすめしています。どこを読んでも“切れ味のよい”ニーチェ節に溢れているので、哲学書の入門にもおすすめです。

❼『シャネル 人生を語る』

ポール・モラン（著）、山田登世子（翻訳）　中公文庫

シャネルの言葉はどれも力があり、読んでいるうちにまるで本人の声が聞こえてくるかのような錯覚に陥ります。ファッショニスタであり、優秀なビジネスマンでもあったシャネルの仕事論を知ることができます。

❽『シブミ』

トレヴェニアン（著）、菊池光（翻訳）　ハヤカワ文庫

“渋み（シブミ）”を体得することを生涯の目標とした青年が主人公として登場する、戦前の日本とバスク地方が舞台の冒険巨編。アメリカの小説家が、日本の渋みについて小説を書いたという点も面白いですよ。

❾『ゴルゴ13』

©さいとう・たかを　リイド社

主人公・デューク東郷の仕事ぶりに注目。危険察知能力が高く、人を見抜く力があり、約束は必ず守ると同時に、作戦を執り行う“段取り力”まで！　そんな、大人の仕事術を学びましょう。

❿『人間失格』

古屋兎丸　新潮社

太宰治の作品『人間失格』を、マンガ家・古屋兎丸が描く一冊。原作を読んだことがある人もない人も、必ずその世界観に圧倒されることでしょう。文芸作品のマンガ化における傑作です。

本書で紹介した書籍について

1章

自分の長所・強みを忘れない

・俵万智『サラダ記念日』

自分軸を持つことを忘れない

・勝海舟『氷川清話』

自分を「なだめる」方法を忘れない

・村木弘昌『釈尊の呼吸法』

自分の知識、経験を一度は疑うことを忘れない

・ベンジャミン・フランクリン『フランクリン自伝』

・新美南吉『ごんぎつね』

・デカルト『方法序説』

プライドに食われるな！

・中島敦「山月記」

2章

周囲を頼ることを忘れない

・土居健郎『「甘え」の構造』

・福沢諭吉『学問のすゝめ』

他人を祝うことを忘れない

・マルセル・モース『贈与論』

どんな相手にでも対等に接することを忘れない

・荘子『荘子』

時間を守ることを忘れない

・小此木啓吾『モラトリアム人間の時代』

他人の経験は、何よりも自分の糧になることを忘れない

・吉川英治『われ以外みなわが師』

・『論語』

3章

井戸を掘った人を忘れない

・『ターヘル・アナトミア』
・杉田玄白ほか『解体新書』
・坂口安吾「ラムネ氏のこと」

ときには童心に帰って、思いっきり遊ぶことを忘れない

・ニーチェ『ツァラトゥストラ』

不思議に思うことを忘れない

・プラトン『テアイテトス』

「わからないことは聞く」ことを忘れない

・『論語』

人は、成功体験でしか成長しないことを忘れない

・デール・カーネギー『話し方入門』
・ビル・チルデン『ベター・テニス』

すべては流れゆくものだということを忘れない

・高野文子『るきさん』
・ヴィクトール・フランクル『夜と霧』

4章

人を育てていくことを忘れない

・『論語』

「人生は有限」であることを忘れない

・ハイデガー『存在と時間』

積極的に外出することを忘れない

・ニーチェ『ツァラトゥストラ』

これからの自分をイメージすることを忘れない

・アンドリュー・カーネギー『カーネギー自伝』
・美内すずえ『ガラスの仮面』

カバーイラスト　©さくらプロダクション
本文イラスト　丸山正仁(SUGAR)
帯題字　齋藤 孝
デザイン　西垂水敦・市川さつき(krran)
編集協力　国実マヤコ
校正　麦秋新社
編集　青柳有紀・安田 遥(ワニブックス)

大人だからこそ
忘れないでほしい45のこと

著　者　齋藤 孝

2019年5月30日　初版発行

発行者　横内正昭

発行所　株式会社ワニブックス
〒150-8482
東京都渋谷区恵比寿4-4-9
えびす大黒ビル
電　話　03-5449-2711(代表)
03-5449-2716(編集部)
ワニブックスHP　http://www.wani.co.jp/
WANI BOOKOUT　http://www.wanibookout.com/

印刷所　株式会社光邦
D T P　株式会社オノ・エーワン
製本所　ナショナル製本

定価はカバーに表示してあります。

落丁本・乱丁本は小社管理部宛にお送りください。送料は小社負担にてお取替えいたします。ただし、古書店等で購入したものに関してはお取替えできません。

本書の一部、または全部を無断で複写・複製・転載・公衆送信することは法律で認められた範囲を除いて禁じられています。

©齋藤孝2019
ISBN 978-4-8470-9794-2